I0139431

Gravures du XVIIIe Siècle.

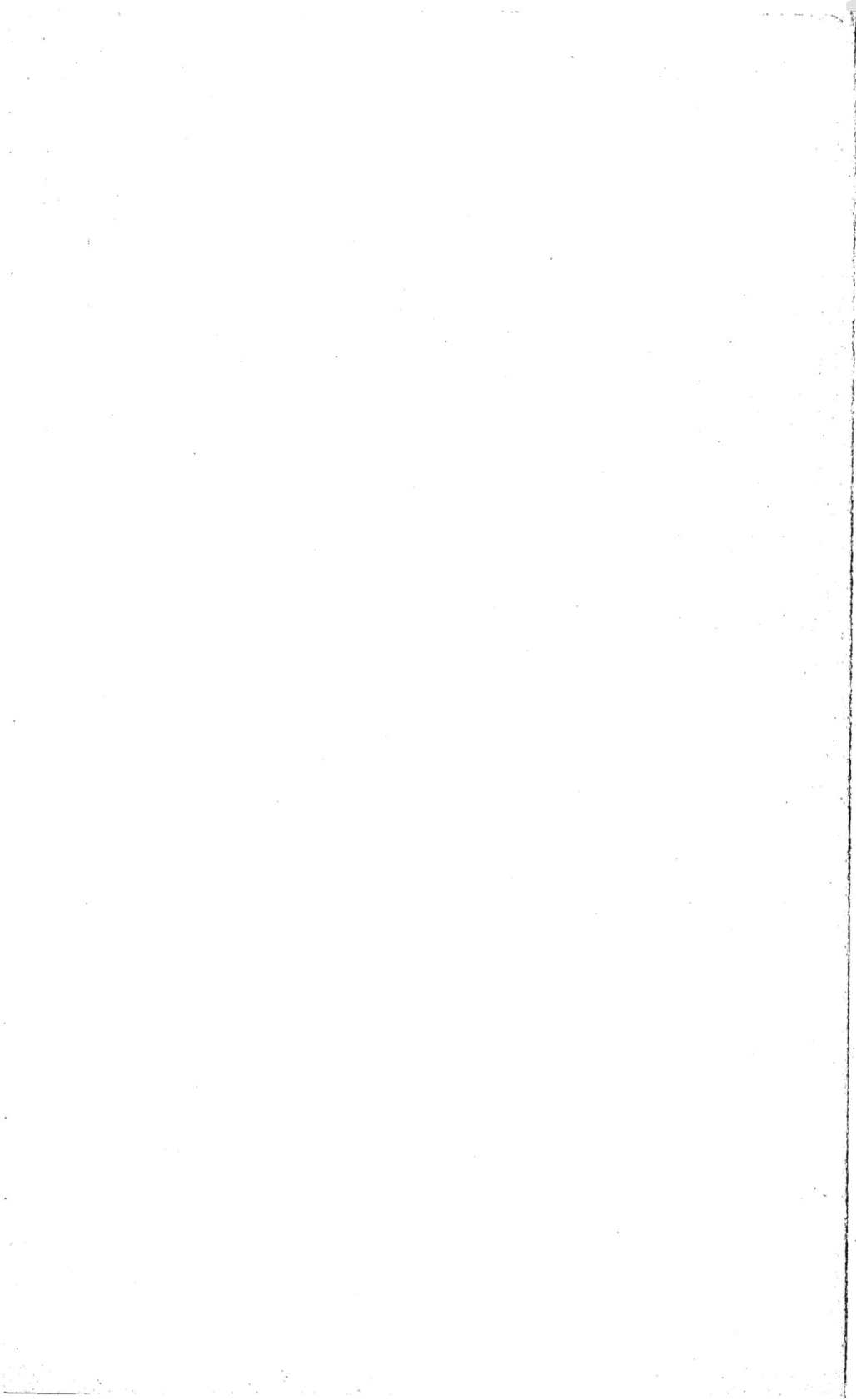

Collection

DES

GONCOURT

13314. — Motteroz, L.-Imp. réunies
7, rue Saint-Benoît, Paris.

COLLECTION DES GONCOURT

GRAVURES

DU

XVIII° Siècle

COMMISSAIRE-PRISEUR:

M° G. DUCHESNE

6, rue de Hanovre.

EXPERT:

M. A. DANLOS

Marchand d'Estampes,

15, quai Voltaire.

Chez lesquels se trouve le Catalogue.

COLLECTION DES GONCOURT

GRAVURES

DU

XVIIIᵉ Siècle

COMMISSAIRE-PRISEUR :	EXPERT :
Mᵉ G. DUCHESNE	**M. A. DANLOS**
	Marchand d'Estampes,
6, rue de Hanovre.	15, quai Voltaire.

Chez lesquels se trouve le Catalogue.

CONDITIONS DE LA VENTE

Elle sera faite au comptant.

Les acquéreurs payeront 5 pour 100 en sus des enchères.

M. A. DANLOS, chargé de la direction de la vente, se réserve la faculté de diviser ou de rassembler les lots.

ORDRE DES VACATIONS

Lundi 26 avril 1897.

Mardi 27 avril 1897.

Mercredi 28 avril 1897.

GRAVURES

DU

XVIIIᵉ Siècle

PIÈCES IMPRIMÉES EN NOIR & EN COULEUR

EAUX-FORTES

DE MAITRES ET D'AMATEURS

Burins et Tailles-Douces des Graveurs du xviiiᵉ siècle

D'APRÈS LES PEINTRES ET DESSINATEURS FRANÇAIS

Portraits de femmes de la Société

ACTRICES

ESTAMPES SUR PARIS

Adresses, Avis, Factures, Lettres de faire part, Estampes de mœurs

Composant la Collection DES GONCOURT

DONT LA VENTE AURA LIEU

HOTEL DROUOT, salle n° 9

Les lundi 26, mardi 27 et mercredi 28 avril 1897

A deux heures.

COMMISSAIRE-PRISEUR :

Mᵉ G. DUCHESNE

6, rue de Hanovre.

EXPERT :

M. A. DANLOS

Marchand d'Estampes,

15, quai Voltaire.

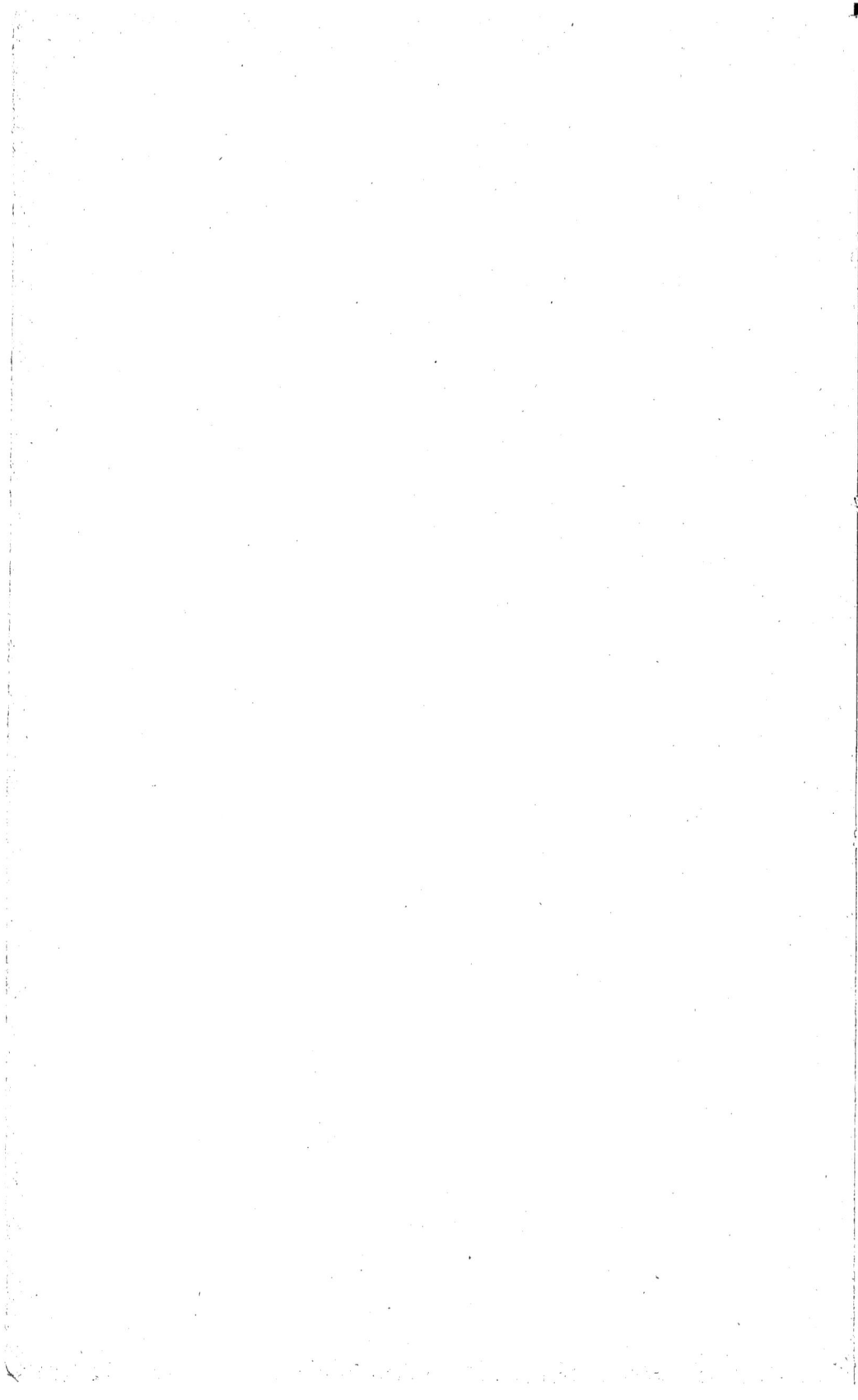

« Ma volonté est que mes dessins, mes estampes, mes bibelots, mes livres enfin les choses d'art qui ont fait le bonheur de ma vie, n'aient pas la froide tombe d'un musée, et le regard bête du passant indifférent, et je demande qu'elles soient toutes éparpillées sous les coups de marteau du commissaire-priseur et que la jouissance que m'a procuré l'acquisition de chacune d'elles, soit redonnée, pour chacune d'elles, à un héritier de mes goûts.

Edmond de Goncourt

LES

ESTAMPES DU XVIIIe SIÈCLE

DE LA

Collection des Goncourt

———

Aucun élément étranger à l'art français du XVIIIe siècle ne figure ici. Les eaux-fortes modernes n'ont été que récemment admises dans la collection des Goncourt et seront décrites ailleurs [1].

Cette réserve ne témoigne d'aucun dédain de la part des deux frères pour tout ce qui n'appartenait pas à l'époque de Louis XV. Ils avaient l'esprit trop ouvert pour ne pas apprécier les qualités que renferment les ouvrages similaires des autres temps et des autres pays ; mais ils avaient résolu de se consacrer tout spécialement à l'art du XVIIIe siècle, parce qu'ils professaient pour lui une admiration sans bornes et qu'ils voulaient protester contre l'ostracisme dont fut l'objet son art brillant, bien constitué, dont Edmond de Goncourt a pu dire qu'il était *l'esprit élevé à la hauteur d'un style.*

Un magnifique dessin de Rubens, qui figurait dans la salle à manger de la rue Saint-Georges, à l'époque où je connus les Goncourt, disparut un jour. Quand je vis la place vide, je ne pus retenir l'inter-

———

[1]. La vente des Estampes modernes, dont est chargé M. Dumont, suivra celle-ci.

rogation qui me vint à la bouche : « Oui, répondit Jules, je m'en suis défait... » Edmond ajouta : « Je l'ai décidé... Je ne veux plus avoir que des choses françaises du xviiie !... » L'un et l'autre s'attribuaient toujours la détermination prise en commun.

Dans le livre intitulé *la Maison d'un artiste,* où Edmond de Goncourt a donné la vie à tous les objets qui l'entouraient, on lit, page 114 du tome II : « Commençons ce dénombrement des gravures du xviiie siècle par une division qui devrait toujours faire l'en-tête des catalogues d'estampes : *Eaux-fortes de maîtres et d'amateurs.* »

Seulement en partie, j'approuve l'indication de Goncourt. Avec lui je pourrais établir une sorte de hiérarchie entre le dessinateur-graveur et le graveur proprement dit. Le premier crée, non seulement le dessin qu'il grave, mais encore la formule des travaux que le graveur règle, assouplit, fixe, en la dégageant des incertitudes que l'inexpérience du métal, ainsi que la hâte de l'exécution a amenée chez celui qui, à la fois, improvise dessin et gravure.

Mais ce point de vue technique ne serait à sa place que dans le préambule d'un historique de la gravure. L'ordre alphabétique est préférable pour un catalogue d'estampes.

Je comprends encore moins pourquoi Goncourt joint les *amateurs* aux *maîtres.* Les pièces des amateurs sont trop peu nombreuses pour figurer à l'actif de la gravure.

En tout cas, il ne tenait aucun compte de l'entrée en exercice de l'eau-forte dans la gravure proprement dite ; mais, comme en ce temps-là, la gravure est d'autant plus caractérisée et plus belle que l'eau-forte domine et règle la lumière de l'estampe, Goncourt ne considérant que cette époque, avait raison de parler ainsi.

Toutes les choses dérivant des arts, façonnées, exécutées en France à cette même époque, sont liées entre elles intimement par un sentiment commun et un air de famille. Malgré la hiérarchie des destinations créant la diversité de toute chose, depuis le moindre objet d'usage domestique jusqu'à l'œuvre qui, planant au-dessus d'une utilité quelconque, ne paraît puiser l'existence qu'en elle-même, tout semble être sorti d'un même cerveau dirigeant les mêmes mains.

La gravure est, par excellence, le moyen de transmission des idées d'art, des idées dont la traduction se fait par des lumières et des ombres exprimant des formes et des effets.

A la fin du XVIIe siècle, au commencement du XVIIIe, la gravure, en pleine éclosion de formules, était au premier rang du mouvement. C'est elle qui transmettait à toutes les productions le mot d'ordre de l'art qui naissait et prenait corps.

En me conformant à la classification indiquée par Edmond de Goncourt, c'est par Watteau, dont l'œuvre fut le germe fécond de l'art de son temps, que je commencerai l'examen des estampes de la collection. Elle contient deux eaux-fortes de la main du maître : *la Troupe italienne* et *la Recrue allant joindre le régiment*.

La pièce intitulée *la Troupe italienne* est signalée par Goncourt, qui la croit unique et qui ajoute : « Elle est la pièce la plus précieuse de ma collection. » C'est parler en artiste. En effet, cette estampe, si précieuse par sa provenance (je ne doute absolument pas qu'elle soit de la main de Watteau) n'est assurément pas jolie. Ses principaux morceaux ne sont pas en rapport de valeur avec le reste du dessin ; je veux dire que les visages sont en désaccord de modelé avec les vêtements. Les lumières de ces visages, dégarnies de travaux, sont trop blanches ; les ombres, au contraire, sont trop chargées et, par l'inexpérience du peintre vis-à-vis d'un cuivre couvert par le noir du vernis, la morsure par l'acide est d'un ton égal. En terme technique, ces visages sont *mordus à plat*. Mais je n'ai pas ici à faire un cours de morsure à l'eau-forte...

Le dessin de *la Troupe italienne* a toutes les qualités de force du maître, non seulement dans les mains, comme le fait remarquer Goncourt, mais dans toutes ses parties, les étoffes, leurs cassures, leurs plis savamment indiqués. Toutefois, l'eau-forte n'a pas le charme, la souplesse lumineuse qui distinguent Watteau. Sans doute, elle fut un des premiers, sinon le premier essai que le peintre tenta sur le métal. En fut-il satisfait ?... C'est la raison peut-être de la rareté de cet état. La pièce n'en est pas moins une eau-forte magistrale.

Nombre de fois, ce que j'énonce ici rapidement a été un sujet de conversation qui lui plaisait entre Edmond de Goncourt et moi. La « pièce de Watteau » revenait comme un type de morsure. Les procédés de la gravure avaient été pour Jules l'objet d'une grande préoccupation ; Edmond le rappelait toujours.

L'eau-forte du maître m'amenait à parler de la seule planche exécutée par la main d'Ingres : le *Portrait de Gabriel Cortois de Pressigny, archevêque de Rennes,* autre type d'emploi de l'acide dans la gravure. Goncourt n'admit jamais la comparaison. Il ne pouvait pardonner son génie au maître du xixe siècle, qu'il ne comprenait pas.

La pièce intitulée *Recrue allant joindre le régiment,* d'un format plus grand que celui de *la Troupe italienne,* est moins importante que cette dernière par le modelé de ses morceaux. C'est un grand croquis dont l'effet d'ensemble, assez complet, rappelle la lumière argentée de Watteau. Comme dans *la Troupe italienne,* le tracé à la pointe est nerveux et saccadé. La morsure n'est pas tout à fait à plat. Les travaux ne montrent entre eux qu'une petite différence de profondeur, c'est-à-dire que les tailles ont à peu près entre elles la même valeur.

En somme, le grand maître français ne semble pas avoir été attiré par le dessin sur le cuivre. Ses essais d'eau-forte sont peu nombreux. Outre les deux pièces de la collection des Goncourt, il a gravé des petites figurines dont je ne connais pas les états d'eau-forte. Tout ce qui sort de sa main n'en a pas moins un intérêt considérable. L'absence d'expérience dans le métier peut voiler en partie la qualité d'art, mais on la retrouve facilement si on veut s'en donner la peine et si on sait la voir.

Après Watteau, qui ouvre et domine l'art de son temps, on peut, à mon avis, classer Fragonard, le plus petit des grands maîtres, mais un maître, comme les plus grands. Il est de leur race, par la qualité de son dessin, de sa couleur, de son exécution. Il trouvait presque grâce devant David, le prétendu réformateur de la peinture, dont l'acte le plus considérable a été la suppression de l'art français proprement dit. Fragonard clôt le xviiie siècle ; il comprend tout, sait tout de la gravure, tout ce qu'un peintre qui ne touche pas, qui ne veut pas toucher au burin doit en savoir.

L'analyse de ses pièces gravées devrait être faite sur le modelé de chacune d'elles, en commençant par la pièce de début et en suivant leur ordre de naissance. On apprécierait ainsi la marche, les évolutions successives qui ont amené le peintre à assouplir les moyens de la gravure, à obtenir la limpide fermeté, la finesse de son dessin. Ces moyens, est-il besoin de le dire, dépendent plus encore de l'intellect que de la main; ils sont la conception de la composition lumineuse de l'œuvre.

Nous n'avons pas ici assez de pièces de ce maître pour prêter à l'étude que je voudrais voir faire sur la gravure de ce dessinateur éminent. Je ne citerai que les *Bas-reliefs de Satyres* et ce bijou *le Petit parc.* Ils sont, dans l'ensemble comme dans le détail, d'une composition lumineuse de premier ordre. On devrait les montrer aux graveurs comme modèles de premier état.

Si les eaux-fortes de Fragonard nous montrent un peintre ayant pénétré le métier de la gravure à ce point que le tracé de son dessin sur le cuivre est exécuté par des travaux toujours prévus, toujours mesurés, presque en tailles rangées (je ne crains pas d'user de ce terme de graveur, malgré son apparente exagération), nous allons trouver, chez Gabriel de Saint-Aubin, une autre manière de concevoir l'eau-forte. A travers les tentatives pittoresques de la couleur et de l'effet, nous pourrons admirer ici un dessin composé de grâce et d'esprit.

Le charme est grand, malgré l'incertain des *griffonis* et des *grignotis,* mots favoris d'Edmond de Goncourt, quand il parlait gravure; mais l'incertitude, la négligence même de Gabriel de Saint-Aubin n'en sont pas moins savantes. Toutes remplies de saveur ingénieuse, elles provoquent des hasards du métier le plus souvent heureux. Quand une erreur résulte de l'inexpérience du graveur, elle est aussitôt réparée par l'intelligence du dessinateur. Il la fait concourir au pittoresque de sa composition.

On trouvera ici la presque totalité de l'œuvre gravé de Gabriel de Saint-Aubin. Pourquoi citer telle ou telle de ces pièces; elles donnent toutes le coup de l'imprévu et ne peuvent rien nous apprendre; pourtant, tout graveur voudrait les imiter.

Le nom de François Boucher est intimement lié à toutes les formes de l'art. Il a pratiqué presque tous les métiers. La gravure, du reste, lui était d'autant moins étrangère qu'au sortir de ses études du dessin, de son apprentissage de peintre, il avait débuté dans la vie active en travaillant chez un graveur. Aussi ses eaux-fortes sont-elles, par la pointe et par la morsure, largement, brillamment attaquées. Parmi celles, peu nombreuses, qui figurent dans la collection des Goncourt, une seule arrêtera notre attention; c'est le rarissime état d'eau-forte qu'il a gravé d'après son *Andromède*, estampe « de haut goût », constate Edmond.

L'unité de la conception dans le dessin est la raison d'art du xviiie siècle, sa force. Cette unité permettait à un graveur de terminer l'eau-forte conçue, gravée par un peintre, sans lui faire perdre l'allure, le grand air de facture que le maître décorateur avait su lui donner. Telle est la planche de l'*Andromède*. On ne trouvera ici que le premier état; c'est regrettable, car il eût été intéressant de faire la comparaison entre cet état et l'estampe terminée au burin par Aveline.

La Bouquetière galante, gravure de J.-B. Tillard, d'après Boucher, nous montre ici une pièce d'une saveur, d'un enlevé, tout à fait charmants.

Les Goncourt étaient des amateurs d'estampes dans la pleine acception du terme; ils savaient l'intérêt attaché aux *états;* ils les choisissaient avec soin, changeaient les épreuves et ne s'arrêtaient qu'aux plus belles. Aucun concurrent ne les gênait, d'ailleurs, les états étan dédaignés, en général. Cette indifférence a permis aux deux frères d'ajouter à l'œuvre presque complet de Chardin, formé en épreuves remarquables, une partie notable des états d'eau-forte de ces planches, dont quelques-unes sont de Cochin.

Mais Chardin n'a jamais gravé ; il est peintre toujours peignant, et je n'ai ici à m'occuper que d'estampes. Néanmoins, je ne puis écrire le nom de Chardin sans rendre hommage à l'un des plus glorieux représentants de la peinture française. J'ajouterai, non pour le diminuer, mais pour marquer le caractère de son talent, que si le XVIIIᵉ siècle se fait gloire du nom du peintre, Chardin n'a pas collaboré à l'ART qui est l'honneur de notre pays. Il est peintre, uniquement peintre, sans avoir jamais manifesté la moindre préoccupation ornementale.

Avec Nicolas Cochin, nous rentrons dans l'*Art français*. Par son savoir, son originalité, son activité, sa personnalité mondaine, il doit être classé au rang des guides, des soutiens de l'art de son temps. Son nom est souvent cité par Diderot. Le philosophe estime l'homme et son esprit ; il croit à son talent, le consulte sur les arts et transcrit fidèlement ce qu'il apprend de lui, au point de vue technique. Peut-être ne sait-il pas au juste pourquoi Cochin parvient à l'influencer, car ce graveur ne fait pas de peinture et, seule, la peinture intéresse Diderot. En effet, Diderot ne voit que les généralités d'expression, la partie littéraire de la peinture qu'elle offre à tout venant. Les moyens d'interprétation qu'emploie cet art lui échappent.

D'ailleurs, comment l'auteur des *Salons* séparerait-il l'expression, dont il possède en lui-même le sens, des moyens de représentation qui lui sont étrangers ? Il sait par ouï-dire que le dessin est la base de toute chose dérivant des arts plastiques, mais jamais il n'a démontré, par la moindre observation probante, qu'il en comprenait le principe ou l'unité dans la diversité de ses applications.

A l'imitation de Diderot, la critique moderne, sa fille, n'a de préoccupation que pour la peinture : « Je ne sens pas le dessin, je n'aime que la couleur ! » ai-je entendu dire à un illustre écrivain dont l'art semble être la seule visée.

Et voilà pourquoi la critique actuelle ignore l'éminent dessinateur Cochin. Lorsqu'elle veut savoir ce qu'il a été, ce qu'il a fait, elle ouvre le Larousse et le gros livre répond : C'est un graveur !...

Dans les premiers états des planches d'après Watteau et Chardin, aussi dans le premier état si complet exécuté par Flippart d'après son dessin : *le Concours pour l'étude de la tête d'expression*, nous trouverons la supériorité du dessinateur-graveur qu'était Cochin.

Ces épreuves, si précieuses pour l'étude de la gravure, sont nombreuses. Jules essayait constamment de faire mordre ses eaux-fortes sans reprises, sans remaniements indispensables, et il recherchait avidement les états de Cochin qui, avec leurs grands blancs toujours si colorés, faisaient son admiration.

Le premier état d'une planche est la langue écrite au moyen de laquelle le graveur exprime, par l'eau-forte ou le burin, s'il comprend sa besogne en artiste ou en simple praticien, c'est-à-dire s'il conçoit son travail par le dessin ou par le métier. L'amateur d'estampes peut être aussi jugé à ce double point de vue. En examinant un premier état, l'amateur d'estampes démontre la qualité de sa vision et de son jugement ; il voit ou plutôt il sent et apprécie d'une œuvre le dessin ou le métier, selon ses aptitudes.

Ce que j'avance ici a été sanctionné souvent par une phrase que tous nous avons dite ou entendu dire : « Il était inutile de reprendre cette planche ; elle était complète en son premier état. » C'est le cas de la gravure de Flippart d'après le dessin de Cochin. Mais Cochin, maître graveur, n'a-t-il pas guidé et soutenu son confrère reproduisant un dessin qui lui était cher ? Ce premier état est magnifique.

Quelle est, dans le portrait de Mme *Létine, tendre, sensible, heureuse mère...* la partie exécutée par le graveur-amateur La Live de Jully ? — A-t-il mis la main à cette gravure ?... Edmond de Goncourt ne le croit pas ; il attribue toute la planche à Augustin de Saint-Aubin. Je suis moins affirmatif, et voici pourquoi. Le tracé d'eau-forte de la guirlande de roses qui entoure le portrait n'est pas de la main d'un graveur. Les fleurs, d'un bon dessin d'ornement, ont une certaine lourdeur de travaux (ils sont *mordus à plat*), une certaine hésitation d'attaque qu'Augustin de Saint-Aubin était incapable d'imiter, lui, le graveur par excellence. Pourquoi, d'ailleurs, s'en serait-il donné la peine ?... J'aime mieux admirer la guirlande en la supposant gravée par l'amateur.

J'y vois l'ensemble, la tenue de cette admirable école d'art du XVIIIᵉ siècle, dont les troupes légères, les amateurs qui s'amusent, tels que le comte de Caylus, l'abbé de Saint-Non, M. de la Live... sont mis en état de graver des croquis. Leur talent effectif, dont il ne faut pas exagérer l'étendue, ne correspond-il pas à celui des chefs d'atelier, des ouvriers de ce temps merveilleux ?... C'était là l'unité de la langue ; la formule en était comprise et mise par tous en pratique !...

Le portrait de *Mᵐᵉ Létine,* gravé en 1765 par Augustin de Saint-Aubin et signé par La Live, est d'une grâce, d'une bonhomie de métier incomparables. En voulant faire *un cadeau à son riche élève,* ainsi que le dit Goncourt, le graveur créait presque un genre. L'achevé complet, le fini délicat du dessin, il l'obtenait par une taille maigre-lette, sans *rentrage,* dans un laisser-aller apparent qui, néanmoins, n'oublie aucune des ressources de la pointe et du burin.

Cette générosité n'est pas à la portée du premier graveur venu. Pour simuler la naïveté avec une pareille maîtrise, il fallait être *gra-veur-dessinateur,* comme l'était Augustin de Saint-Aubin.

On peut le vérifier en examinant les savantes préparations à l'eau-forte du portrait de Louise-Émilienne, baronne de ***, et celui de Adrienne-Sophie, marquise de *** (Mᵐᵉ A. de Saint-Aubin), qui se trouvent dans la collection des deux frères.

Il n'y a pas ici place pour la discussion. Néanmoins, je puis énoncer que *vertu* et *vice d'art* ne sont que conventions littéraires, généralités communes à tous les arts ainsi qu'à la littérature. Le des-sin envisage ces conventions avec une profonde indifférence, mani-festée par lui lorsqu'il spécifie dans la même perfection les unes et les autres. En un mot, le dessin ignore le *plan vertueux* autant que le *plan vicieux,* quand il établit des proportions en distribuant les lumières et les ombres.

Ce préambule m'amène à parler des estampes gravées d'après

Baudouin. Une certaine préparation est nécessaire. Elle m'est imposée non seulement par la situation équivoque que créent à ce peintre les accidents advenus à sa peinture, mais encore par les intentions littéraires qu'il y introduisait, ou plutôt par les sujets qu'il avait accoutumé de traiter. J'essayerai de séparer l'art et la littérature dans l'œuvre du gendre et de l'élève de Boucher.

Sur le second point, les critiques sont à peu près unanimes, mais il y a désaccord sur l'autre point, sur sa valeur d'artiste. Diderot ne lui accorde aucun talent; il le traite brutalement de *libertin* et d'*ordurier,* après avoir qualifié ses tableaux de *petites infamies.*

Les Goncourt adoucissent de leur mieux la sévérité des contemporains. Pour eux, Baudouin a l'indécence bien apprise; il s'inspire des élégances friponnes de Crébillon fils. Et, en jugeant ce qu'ils appellent des esquisses, les Goncourt les disent touchées d'une aquarelle si brillante qu'elle dépasse Fragonard et atteint à Bonington. Je me permets une réserve à ce propos : dépasser Fragonard me semble aller trop loin, atteindre à Bonington me semble s'arrêter en route...

Moins robuste, moins ample dans sa facture, moins décorateur que Boucher, Baudouin est un dessinateur plus vrai que son maître. Mieux que lui, il distribue la lumière d'un tableau. J'entends qu'en illuminant ses ombres de couleur et d'effet, sans contraste brusque, sans coulisse théâtrale, Baudouin manie le reflet plus naturellement, plus délicatement que Boucher. Pour lui, la répercussion de la lumière n'est pas seulement une formule apprise à l'école : il l'a vue et comprise dans la nature. Il en fait la base de la conception lumineuse de ses tableaux.

A ces qualités de savoir dans la conception de son dessin, Baudouin joint une facture libre, maîtresse, qui ne connaît ni hésitation, ni aucune des minuties que semble comporter cette épithète de *miniaturiste,* accolée à son nom.

La classification emprisonne dans un genre, dans un métier : c'est le repérage des bourgeois. Malgré son talent, Baudouin n'a pu s'en défendre. Son talent a été sans doute la raison de la tendresse de Boucher. Le vieillard voyait renaître et croître en lui les qualités d'art et de métier qu'il lui avait enseigné; que lui-même avait toujours poursuivi.

Ces qualités si précieuses, à peine aujourd'hui peut-on les discerner dans certains tableaux de Baudouin. Elles ont disparu sous l'action d'un vandalisme singulier : *le vandalisme à la miniature!* Oui, le savoir, le talent du peintre des mœurs de la galanterie, furent supprimés par les galantins possesseurs de ses tableaux. Ces amateurs non de peinture, mais de sujet *grivois,* imaginèrent de faire adoucir, fondre par des miniaturistes, inconscients de leur attentat, la touche franche et visible des gouaches de Baudouin. L'attentat au talent, c'est d'une malhonnêteté bien spéciale!

Sous ce fondu, que quelques-uns croient être le modelé, disparaît la touche du maître, si belle, si simple dans sa largeur; et dans cette disparition, s'énerve, s'évanouit la savante distribution des valeurs, *le modelé originel,* que cette facture établissait.

Pourquoi se gêner d'ailleurs? quel scrupule pourrait-on voir surgir en faveur de cette frivole peinture du XVIIIe siècle? N'était-elle pas déclarée méprisable par toutes les autorités officielles commises à la direction des arts? La vertu de tous les personnages qui se sont succédé au gouvernement de nos musées n'a-t-elle pas toujours empêché au talent de Baudouin de pénétrer au Louvre?

Les estampes d'après ses tableaux sont parmi les plus recherchées de celles du temps. La beauté, le soin de leur exécution, leur intérêt documentaire, la grâce de leur composition, seraient déjà des éléments suffisants pour justifier la recherche dont elles sont l'objet. Il faut y ajouter l'esprit de leur sujet. Soyons moins prudes pour l'estampe qu'on met en portefeuille, que pour le tableau qu'il faut accrocher au mur.

Malgré toutes les qualités que je reconnais à ces gravures, une question, une réflexion critique me paraît nécessaire. Les graveurs du peintre de la galanterie n'ont-ils pas, eux aussi, *miniaturisé* les tableaux qu'ils se chargeaient de reproduire? Je ne trouve pas, dans leurs estampes, toute l'ampleur de l'effet lumineux que caractérise la répercussion de la lumière, toujours observée et savamment accentuée par Baudouin.

Cet effet, je l'ai étudié et admiré pendant près de quarante ans chez les Goncourt, dans la gouache de l'*Épouse indiscrète*. Un terme cher aux écrivains : *clair-obscur,* désigne l'effet dont je parle. En lui-même ce terme est contradictoire; il a pourtant le don d'évoquer à l'esprit l'œuvre d'un maître sublime. Il est inutile d'écrire son nom. Aucune comparaison n'est à établir entre lui et le peintre qui m'occupe, celui-ci n'ayant, d'ailleurs, ni de près ni de loin, cherché à l'imiter.

Seulement, ce maître prend habituellement le *reflet* pour base de la composition lumineuse de son dessin. Par cette manière de concevoir la lumière, les estampes gravées, par ou d'après lui, présentent cet aspect que désigne ce contresens : clair-obscur.

Cet aspect aurait dû être celui des estampes gravées d'après Baudouin. Lui aussi, naturellement, et, je le répète, sans esprit d'imitation, prend la répercussion lumineuse pour base de son effet. Ses graveurs ne l'ont pas vu; ils n'ont pas traduit en blanc et noir le clair-obscur coloré de Baudouin. Par contre, ils ont fait dominer le *sujet* dans leurs estampes, alors qu'elles auraient dû traduire littéralement l'art dont est formé ce sujet.

Baudouin est victime de la littérature de sa peinture.

A sa suite, par analogie d'intention, de sujet — peinture de mœurs — mais d'un moindre relief de talent, il faut nommer Freudeberg, Lavreince, Debucourt, Janinet..., dessinateurs et graveurs d'esprit, dont le métier, les divers procédés de gravures, ont toujours eu pour moi un intérêt très vif. L'aquatinte de Debucourt m'a particulièrement intrigué, j'ai fini par en avoir raison.

Leurs estampes, considérées au point de vue historique, sont précieuses, on peut les dire remplies de piquantes anecdotes. Elles sont à la mode. La mode ne se trompe pas, elles sont amusantes.

La collection d'Auteuil contient quelques pièces très belles de *Moreau le jeune*. Je ne m'arrêterai à aucune d'elles, mais je tiens à parler de leur auteur, un des maîtres qui honorent leur école.

L'allure du dessin de Moreau le jeune, graveur et ornemaniste de premier ordre, est l'expression de la fin de son siècle, c'est-à-dire du *Louis XVI,* de même que l'œuvre de Boucher et l'ornement de l'architecte J.-A. Meissonnier marquent la période du *Louis XV,* appelée *le Rocaille.* L'œuvre de Watteau, supérieur à tous les points de vue : modelé, exécution de peinture, science profonde d'ornementation, relie tout le siècle, comme dans une accolade, par une marque générale.

L'œuvre de Moreau le jeune est en majeure partie composé de vignettes [1]. Même quand son dessin avait une toute autre destination, l'artiste lui conservait de minimes dimensions. Aussi ses plus passionnés admirateurs l'accablent-ils en le traitant de *vignettiste.*

La seule goutte d'encre versée par Diderot en faveur de Moreau le jeune le fut à la suite du Salon de 1781. Voici son appréciation, relevée dans l'édition de ses œuvres publiée en 1857 :

299. — *Cérémonie du sacre de Louis XVI.*

309. — *Arrivée de J.-J. Rousseau au séjour des grands hommes.*

« Dessins spirituels et bien composés. Les têtes au pastel ni belles ni bien peintes. »

C'est tout !... Sans aucun doute, le père de la *critique* a vu le merveilleux titre de la partition de *la Cinquantaine,* 1771, les vignettes des *Chansons* de Laborde, 1773, le *Monument du costume en France,* 1776, les figures de la *Nouvelle Héloïse,* et tant d'autres chefs-d'œuvre... A-t-il au moins trouvé cela gentil ? C'étaient de petites images, elles n'étaient la copie d'aucune peinture, les a-t-il seulement regardées ?... Pourtant, Diderot, le critique encyclopédique, aurait pu, aurait dû constater que, dans ces petites images, l'artiste continuait, conservait intégralement la belle et forte tradition de la gravure française, celle qui, se basant sur l'eau-forte, débute avec Jean Pesne, passe par Gérard Audran, Nicolas Cochin, et, malgré les atteintes plus ou moins heureuses qui lui sont portées d'autre

---

1. *Vignette,* « estampe qui orne un livre », dit le dictionnaire.

part, reste intacte dans les gravures de la main de Moreau le jeune.

Je distingue ici la gravure purement française, qui commence au xviiᵉ siècle, du burin d'Edelinck, admirable, mais flamand. La gravure française est la gravure ébauchée à l'acide et terminée à l'outil. Elle se distingue des autres en ceci : l'eau-forte, en premier état, établit la forme, l'effet complet du dessin ; elle est ensuite intimement liée, habillée par les travaux du burin, *mais elle ne se confond pas avec eux.* C'est toujours l'acide qui fait parler la composition lumineuse.

Au point de vue général, une raison autrement importante que la gravure dont, après tout, le critique ne s'occupait qu'accessoirement, devait attirer l'attention de Diderot sur les dessins de Moreau le jeune. Diderot avait toujours clamé contre le mauvais goût, le maniéré, le côté factice des bergerades enrubannées, les grands airs empruntés, l'effet théâtral, la licence même de la peinture de son temps. Il s'ensuit que le philosophe aurait dû être ravi par les compositions de Moreau le jeune. Dans ces dessins, le nouveau venu avait, en effet, pour règle l'observation de la simplicité, du naturel, de la vérité des représentations et de l'expression sans emphase. Or, avant lui, ces vertus d'art n'étaient pas à la mode. Au contraire, les vices contre lesquels Diderot fulminait tenaient le haut du pavé... Mais les vignettes ne disaient rien à l'écrivain ; il lui fallait de la couleur et même de la couleur à l'huile, pour faire jaillir la flamme de son éloquence !...

Moreau le jeune était en plein talent et en pleine production dans les deux derniers tiers du xviiiᵉ siècle. A ce moment, l'art effectuait un mouvement tournant ; il évoluait. Sans renier, sans abandonner les formes de l'armature, de l'ornementation du commencement du siècle (c'est toujours l'objet qui marque ce qu'on appelle un *art,* un style), Moreau les soumettait à un examen, à un choix raisonné qui, considérés au point où nous sommes placés, ne constituent pas le rejet des nouveautés mises en œuvre avant lui, mais leur mise en ordre, leur classement. C'était une réaction de sagesse, elle réglait les aventures des inventions ornementales innovées dans le temps qui l'avait précédé.

L'art du xviiie siècle n'était lui-même que l'évolution, le développement régulier de l'art auquel il succédait. Son style, renouveau d'originalité, dépouillait les formes italiennes et reprenait la liberté d'allures que nous avions connue ou plutôt qui était en nous, dans notre esprit, avant la Renaissance. Dès le xviie siècle, nous voyons les évolutions se succéder, en s'assimilant les mérites de leurs devancières. Un art ne s'improvise pas.

Le mouvement auquel prenait part Moreau le jeune avait pour guides Houdon le statuaire, Gabriel l'architecte. Chardin n'y était pas étranger, quoiqu'il fût cantonné dans la peinture de sujets familiers, et qu'il n'abordât pas l'ornement. Moreau a été un auxiliaire considérable de cette évolution, comme dessinateur et comme ornemaniste. Mais il n'était pas peintre! Son action est-elle constatée dans le sens que j'indique? D'ailleurs, un peu plus tard, cette action fut méconnue, reniée même par son auteur, lorsqu'il subit l'influence des théories de David, de David, l'être néfaste qu'il faut dénoncer quand on parle de l'art français.

Instruit, élevé par le xviiie siècle, David est un savant dessinateur, mais la science n'est soutenue, chez lui, par aucune impulsion originale; il suit, il adopte, il n'invente pas. Esprit enthousiaste, versatile, faussé par la littérature de son époque, David déplace la source où la peinture doit s'alimenter et la tarit dans les préoccupations littéraires. Il prend le latin des classes d'humanités à la lettre et le traduit par... des Romains. Voulant faire de l'antique, David, qui sait modeler le morceau, veut voir, dans la nature qui lui sert de modèle, les formes de la statuaire romaine. Aussi plaque-t-il sur ses figures les formes de cette sculpture, et le placage se voit. David en est fier; c'est ce qu'il appelle *l'Antique*.

Les formes de David ne sont ni *nature* ni *originales*. Elles ne sont pas nature puisqu'elles dérivent de la statuaire romaine; elles ne sont pas originales puisqu'elles ne sont pas nature. Il était, d'ailleurs, un acharné copiste de statues et de bas-reliefs antiques.

Je ne méconnais pas le grand talent de David et ne veux pas lui porter atteinte; mais je pourrais examiner et démontrer, tableau par tableau, la médiocrité matérielle de sa peinture. Je ne retiens ici que le *Serment des Horaces* et le *Brutus*, qui furent exécutés avant les circonstances extraordinaires à la suite desquelles David imposa despotiquement ses théories qui nous oppriment encore. Les *Horaces* et le *Brutus* ne sont, à mon avis, que les fantaisies d'un peintre en quête de sujets à effet, de sujets de Salon. Par l'absence de toute matière lumineuse que j'y constate, ces tableaux me font l'effet d'immenses et arides vignettes dont se rapprochent celles que produisit Moreau le jeune lorsqu'il eut subi l'influence de David.

Sans doute, le prétendu réformateur des arts fut parfois hanté par le souvenir du Poussin; mais ce qu'il n'a pas pu imiter du grand maître, c'est la composition lumineuse, l'atmosphère générale de ses tableaux. Dans l'œuvre du Poussin, David n'a vu que des Romains, de la littérature romaine. Il n'a pas découvert l'art du peintre!...

Comme j'énonçais un jour ces idées devant Edmond de Goncourt, il me dit : « Prenez garde, Bracquemond, vous êtes en train de faire de la copie!... » Et il ajouta : « J'ai horreur de tout ce qui ressemble à la philosophie de l'art... Pourtant, je vous engage à faire une note de ce que vous venez de me dire... »

Et, cette note, la fatalité veut que je l'écrive en tête de ce catalogue!

BRACQUEMOND.

EAUX-FORTES

DE MAITRES ET D'AMATEURS

AMAND (F.)

1 — Jeune mère donnant la bouillie à son enfant.

> Très belle épreuve. Toute marge.

ANONYMES

2 — Voltaire comparaissant devant les Juges de l'enfer.

> Très belle épreuve d'une pièce rare.

3 — Jeune femme à mi-corps, la poitrine nue, les cheveux ornés de perles. Jolie pièce in-4.

> Très belle épreuve avant toutes lettres.

BOUCHER (F.)

4 — La Tourterelle mise en cage. — Le Sommeil. — Les Petits buveurs de lait. — Le Petit Savoyard. Suite de quatre pièces, sujets d'enfants (P. de B., 2-5).

> Superbes et très rares épreuves avec marges du premier état : avant toute adresse. Collection R. Dumesnil.

4 *bis*. — Andromède (42).

> « *Et encore de Boucher le non moins rarissime état d'eau-forte qu'il a gravé de son* Andromède, *comme dessous et préparation de la planche terminée au burin par Aveline... Une épreuve peut-être unique*[1]. »

---

1. Les notes en italiques sont tirées de *la Maison d'un artiste*, par Edmond de Goncourt.

BOUCHER (Mme JANE)

5 — Cartouche surmonté de trois cœurs enflammés que soutiennent deux amours.

Très belle épreuve. Rare.

CAYLUS (le comte de)

6 — Les Nouvellistes.

Très belle épreuve.

7 — Portrait d'homme assis et lisant. In-4.

Belle épreuve.

COCHIN (CH.-N.)

8 — Aliégorie sur la convalescence de Mme de Pompadour.

Très belle épreuve, avec une belle marge.

9 — Les Misotechnites aux enfers. Suite de dix petits sujets imprimés sur une même feuille.

Très belle épreuve. Toute marge.

10 — Les Chats angola de Mme la marquise du Deffant. 1746.

Belle épreuve.

11 — La Fontaine de Saint-Innocent.

Très belle épreuve.

12 — Le Tailleur pour femmes. 1737.

Très belle et rare épreuve, avant toutes lettres.

DEBUCOURT (PH.-L.)

13 — Le Juge ou la Cruche cassée.

« *La seule épreuve qu'on connaisse de lui... qu'il s'est amusé à faire pour la gravure qu'en a exécutée Leveau.* »

DENON (le baron)

14 — Portraits de femmes et études diverses. Huit pièces.

Belles épreuves.

FRAGONARD (H.)

15 — L'Armoire. 1778 (P. de B., 2).

> Superbe et très rare épreuve, avant toutes lettres.

16 — Le Parc (4).

> Superbe épreuve. Très rare.

17 — Bacchanales. Suite de quatre pièces (6-9).

> Très belles épreuves. Rares.

GÉRARD (Mlle MARGUERITE)

18 — L'Enfant et le Chat (P. de B., 1).

> Très belle épreuve.

19 — L'Enfant et le Bouledogue (2).

> Très belle épreuve.

20 — Monsieur Fanfan, 1re planche (3).

> Très belle épreuve avec toute sa marge. Très rare.

21 — La même composition, gravée une seconde fois (4).

> Belle épreuve sans marge.

GERMAIN

22 — Études de têtes sur une même planche.

> Très belle épreuve.

GRAVELOT (H.)

23 — Croquis gravés à l'eau-forte sur une même planche.

> « L'élégante eau-forte signée H. Gravelot toute gribouillée de croquetons et du milieu desquels se détache cet étui, cette petite merveille du dessin rocaille et prestement enlevée sur le cuivre. »

LA RUE (L.-F. de)

24 — Bacchanales. Suite de six pièces.

> Très belles épreuves.

LOUTHERBOURG (P.-J. de)

25 — La Boutique du barbier (P. de B., 24).

Très belle épreuve. Rare.

OCTAVIEN

26 — Jeune femme debout, vue de dos.

Très belle épreuve.

OLIVIER (B.)

27 — Jeune fille coiffée en cheveux, vue de dos (P. de B., 3). — Jeune fille assise sur un mur (13). Deux pièces.

Très belles épreuves.

PAROY (le chevalier de)

28 — La Marchande de châtaignes, d'après Aug. de Saint-Aubin.

Très belle épreuve.

PATER (J.-B.)

29 — Halte de soldats : des femmes, des vivandiers sont groupés et couchés autour d'un chaudron qui bout en plein air.

Superbe épreuve d'une pièce rare. Sans aucune lettre.

SAINT-AUBIN (G. de)

30 — Laban cherchant ses dieux (P. de B., 1).

Très rare épreuve retouchée à la plume par Saint-Aubin. On lit au bas, à droite : *Perfectionné à la plume par l'auteur.*

31 — La même estampe.

Très belle épreuve.

32 — Réconciliation d'Absalon et de David (2).

Très belle épreuve.

33 — Allégorie sur la convalescence du Dauphin (3).

Très belle épreuve, avec marge.

34 — Allégorie des mariages faits par la ville de Paris à la naissance de Mgr le duc de Bourgogne, en 1751 (5).

> Très belle épreuve du deuxième état.

35 — Spectacle des Tuileries en deux vues de même grandeur, sur la même planche (13-14).

> Très belles épreuves imprimées sur une même feuille.

36 — Le Charlatan (15).

> Très belle épreuve.

37 — Marche du Bœuf gras (16).

> Très belle épreuve.

38 — Vue de la foire de Beson, près Paris (17).

> Très belle épreuve.

39 — La Fête d'Auteuil (18).

> Très belle épreuve.

40 — Vue du Salon du Louvre en l'année 1753 (19).

> Très belle épreuve, non entièrement ébarbée, collection Labéraudière.

41 — Les Nouvellistes (20).

> Très belle épreuve.

42 — Conférence de l'ordre des avocats (21).

> Très rare épreuve du premier état.

43 — L'Adresse de Perier, marchand quincaillier (24).

> Très belle épreuve.

44 — Arlequin et Colombine (31).

> Très belle épreuve, avant toutes lettres. État non décrit.

45 — Les quatre Vases, sur la même planche (33).

> Très belle épreuve.

46 — Mérope, acte V (34).

> Très belle épreuve du premier état.

47 — Deux vignettes, gravées sur la même planche, pour la tragédie de Tancrède (35-36).

> Très belles épreuves.

48 — Vignettes pour un ouvrage sur la conquête de l'Amérique (38-40). Deux pièces.

> Très belles épreuves.

49 — Vignette pour le conte de La Fontaine : On ne s'avise jamais de tout (41).

> Très belle épreuve.

50 — Cabinet d'histoire naturelle, au milieu duquel se dresse une figure d'Isis.

> Très belle et rare épreuve d'une pièce non décrite.

51 — Pièce sur le renvoi des Jésuites, composée de deux médaillons, l'un représentant un homme jetant au feu les livres de Molina, Mariana, Suarez; l'autre, une sortie gaminante d'écoliers de la haute porte d'un collège.

> Superbe épreuve tirée de la planche non terminée et reprise dans certaines parties à l'encre et au bistre. Pièce non décrite.

52 — L'Almanach des dieux pour l'année 1768.

> « *Un grand almanach, dessiné dans une architecture ressemblant au portail de Saint-Sulpice et où chaque mois est surmonté d'un cartouche renfermant, gravé à l'eau-forte, un croqueton de figure mythologique.* »
> Ces douze petits cartouches sont gravés par G. de Saint-Aubin.
> Superbe épreuve. Extrêmement rare.

SAINT-AUBIN (Aug. de)

53 — Portraits de M. et Mme Renouard et de leurs trois enfants. Sur une même planche.

> Belle épreuve.

SAINT-NON (l'abbé de)

54 — Le Montreur d'ours. — Les Beignets. Deux pièces.

> Belles épreuves.

SERGENT (A.)

55 — Expérience du globe aérostatique de MM. Charles et Robert,
faite dans le Jardin des Tuileries, le 1er décembre 1783. —
Mgr le duc de Chartres et M. le duc de Fitz-James signent
le procès-verbal qui constate l'arrivée de MM. Charles et
Robert dans la prairie de Nesles. — Deux pièces faisant
pendants.

Très belles épreuves.

WATTEAU (Ant.)

56 — Figures de modes (R. D., 1 à 7). Suite de sept pièces.

Superbes épreuves d'un état non décrit : avant toutes lettres, mais
entièrement terminées. Rares.

57 — La Troupe italienne (R. D., 8. — E. de G., 1).

Avant toutes lettres, à l'état d'eau-forte pure, « *porte, en bas de l'estampe :
Peint par Wateaux et gravé à l'eau-forte par luy-mesme. Une épreuve que je
crois* unique *et que je regarde comme la pièce la plus précieuse de ma collection.* »

58 — Recrues allant joindre le régiment (E. de G., 2).

Superbe épreuve du premier état : à l'eau-forte pure, avant toutes
lettres et avant le trait carré. Extrêmement rare.

59 — La même estampe terminée par Thomassin.

Deux épreuves des deuxième et troisième états.

BURINS ET TAILLES-DOUCES

DES GRAVEURS DU XVIII° SIÈCLE

D'APRÈS LES PEINTRES ET DESSINATEURS FRANÇAIS

AUBERT (D'après L.)

60 — Le Billet doux, par Cl. Duflos.

> Très belle épreuve. Toute marge.

61 — Le Dessein, par Cl. Duflos.

> Très belle épreuve. Marge.

AVELINE (A Paris, chez)

62 — La Belle Femme de chambre. Pièce in-4.

> Très belle épreuve. Marge.

BAUDOUIN (D'après P.-A.)

63 — Le Carquois épuisé, par N. de Launay (E.-B., 11).

> Très belle et rare épreuve du premier état, à l'eau-forte pure et avant toutes lettres. Dans cet état, le carquois de l'amour n'existe pas; on voit à sa place une touffe de roses. Grande marge.

64 — La même estampe.

> Très belle épreuve, avec une très grande marge.

65 — Le Catéchisme. — Le Confessionnal. — Deux pièces faisant pendants, gravées par P.-E. Moitte (12-15).

> Très belles épreuves, avant la lettre.

66 — Le Chemin de la fortune, par Voyez-Major (14).

    Superbe et très rare épreuve, avant toutes lettres. Grande marge.

67 — Le Curieux, par P. Maleuvre (17).

    Superbe et très rare épreuve à l'eau-forte pure. Le personnage qui regarde derrière la porte vitrée n'a pas de rabat, mais un habit boutonné. Marge.

68 — La même estampe.

    Superbe et très rare épreuve, avant toutes lettres et avant l'encadrement. Dans cet état, le personnage que l'on aperçoit derrière la porte a un rabat, lequel, ayant été couvert par des travaux, ne se voit plus dans les états suivants.

69 — Le Danger du tête-à-tête, par Simonet (18).

    Superbe et très rare épreuve, avant toutes lettres, et avant l'encadrement ornementé. Grande marge.

70 — L'Enlèvement nocturne, par N. Ponce (20).

    Magnifique épreuve, avant la lettre, mais avec les armes; elle a toute sa marge. Très rare de cet état et de cette condition.

71 — L'Épouse indiscrète, par N. de Launay, 1771 (21).

    Très rare épreuve du premier état : à l'eau-forte pure et avant toutes lettres. Marge.

72 — La même estampe.

    Superbe épreuve, avec marge.

73 — Le Fruit de l'Amour secret, par Voyez le jeune (23).

    Superbe épreuve, avant toutes lettres, mais avec les armes.

74 — Le Lever, par Massard (29).

    Superbe et très rare épreuve, avant la lettre. Toute marge.

75 — Le Modèle honnête, gravé à l'eau-forte par J.-M. Moreau et terminé au burin par J.-B. Simonet (34).

    Superbe et très rare épreuve du premier état : à l'eau-forte pure et avant les lettres. On y trouve seulement les mots : J.-M. Moreau le jne S. 1770, tracés à la pointe sèche sous le trait carré. Marge.

76 — La même estampe.

    Superbe et très rare épreuve du deuxième état : avant toutes lettres et avant les armes. Grandes marges.

77 — La Soirée des Tuileries, par Simonet (47).

> Très rare épreuve du premier état : à l'eau-forte pure et avant toutes lettres.

78 — La Toilette, par N. Ponce, 1771 (48).

> Superbe épreuve, avec la première adresse, celle de Mme Baudouin, laquelle, plus tard, fut remplacée par celle de Basan.

BORNET (A Paris, chez)

79 — Coup d'œil exact de l'arrangement des peintures au Salon du Louvre, en 1785.

> Très belle épreuve.

BOUCHER (D'après F.)

80 — La Bouquetière galante, par J.-B. Tillard.

> Superbe épreuve, avec toute sa marge. Excessivement rare.

81 — Le Déjeuner, par Lépicié.

> Superbe épreuve. Grande marge.

82 — La Marchande de modes, par R. Gaillard.

> Très belle épreuve. Grande marge.

83 — Jeune femme assise, lisant ; gravé aux trois crayons par Demarteau. In-4.

> Très belle épreuve.

CANOT (D'après Ph.)

84 — Le Maître de danse, par Le Bas, 1745.

> Superbe épreuve. Toute marge.

CARMONTELLE (L.-C. de)

85 — Bezenval (le baron de), en pied. In-fol.

> Très belle épreuve. Toute marge.

CARMONTELLE (D'après L.-C. de)

86 — Bachaumont, amateur, par Houel. In-fol.

> Belle épreuve.

87 — **Brizard**, acteur. In-fol.

Très belle épreuve, avant toutes lettres.

88 — **Chevreuse** (le duc de), en pied. In-fol.

Très belle épreuve, avant toutes lettres.

89 — **Dunois** (M. le comte de), en pied, par Fessard. In-fol.

Très belle épreuve. Marge.

90 — **Fontenay** (Gaspard-François de), par Delafosse. In-fol.

Belle épreuve.

91 — M. **Girard** et l'abbé de **Neuville**, représentés sur une même planche. In-fol.

Belle épreuve, avant la lettre.

92 — Mme **Hérault** et Mme de **Séchelles**, représentées en pied, assises en regard l'une de l'autre, sur une même planche ; gravées par Delafosse. In-fol.

Belle épreuve.

93 — Mme L. et sa fille, gravées en silhouette, sur fond blanc.

Rare.

94 — **Lambert**, conseiller au Parlement, par Delafosse. In-fol.

Très belle épreuve. Marge.

95 — Le comte de **Montbarré** et le marquis **d'Entragues**, représentés sur une même planche. In-fol.

Très belle épreuve, avant la lettre.

96 — **Mesnières** (le président), par Delafosse. In-fol.

Très belle épreuve.

97 — **Trudaine**, par Delafosse. In-fol.

Très belle épreuve, avant la lettre. Toute marge.

98 — **Xaupi** (Josephus), par Delafosse. In-fol.

Belle épreuve.

99 — Jeune femme brodant, gravée à la sanguine par Demarteau.

Très belle épreuve. Toute marge.

100 — Femme assise lisant. — Homme assis dans un fauteuil. — Abbé en soutane assis dans un fauteuil. Trois portraits. In-fol.

> Belles épreuves, avant la lettre.

CHARDIN (D'après J.-B.-S.)

101 — Les Amusements de la vie privée, par L. Surugue (E. B., 1).

> Très rare épreuve à l'eau-forte pure; elle est très rognée.

102 — La même estampe.

> Superbe épreuve, avec une grande marge.

103 — L'Antiquaire, par P.-L. Surugue fils (2).

> Très rare contre-épreuve du premier état : avant toutes lettres, à l'état d'eau-forte pure.

104 — La même estampe.

> Très belle épreuve.

105 — L'Aveugle, par Surugue fils (4).

> Très rare épreuve, avant toutes lettres, à l'état d'eau-forte pure.

106 — La même estampe.

> Superbe épreuve. Grande marge.

107 — Le Bénédicité, par Lépicié, 1744 (5).

> Superbe et très rare épreuve du premier état : avant toutes lettres. Grandes marges.

108 — La Blanchisseuse, par C.-N. Cochin (6).

> Très rare épreuve du premier état : avant toutes lettres, à l'état d'eau-forte pure.

109 — La même estampe.

> Très belle épreuve. Marge.

110 — La Bonne Éducation, par Le Bas (7).

> Très belle épreuve.

111 — Chardin (Jean-Baptiste-Siméon), par Chevillet (9).

> Très belle épreuve. Marge.

112 — Le Château de cartes, par Lépicié (11).

> Très belle épreuve. Grande marge.

113 — Dame prenant son thé, par Fillœul (13).

> Très rare épreuve d'un premier état non décrit : avant toutes lettres, à l'état d'eau-forte pure.

114 — La même estampe.

> Superbe épreuve, avant la mention : *Chez un faïencier*, à la suite de l'adresse de Le Bas. Toute marge.

115 — Le Dessinateur, par J.-J. Flipart (14).

> Très rare épreuve du premier état : avant toutes lettres, à l'état d'eau-forte pure.

116 — La même estampe.

> Superbe épreuve, avant toutes lettres et avant la bordure. Très rare.

117 — Le Dessinateur, par Gautier-Dagoty (15).

> Très belle épreuve imprimée en couleur. Rare.

118 — L'Écureuse, par C.-N. Cochin (16).

> Très rare épreuve du premier état : à l'eau-forte pure et avant toutes lettres.

119 — La même estampe.

> Superbe épreuve. Marge.

120 — Étude du Dessin, par Le Bas.

> Superbe et très rare épreuve du premier état : avant toutes lettres et avant les armes. Très grande marge.

121 — Le Faiseur de châteaux de cartes, par Fillœul (20).

> Très belle épreuve du second tirage, avec le titre : *le Château de cartes*. Toute marge.

122 — La Fontaine, par C.-N. Cochin (21).

> Très rare épreuve du premier état : à l'eau-forte pure et avant toutes lettres.

123 — La même estampe.

> Très belle épreuve du deuxième état : avant l'adresse de Basan. Marge.

124 — Le Garçon cabaretier, par C.-N. Cochin (22).

> Très rare épreuve du premier état : à l'eau-forte pure et avant toutes lettres.

125 — La même estampe.

> Superbe épreuve du deuxième état : avant que la mention *du Cabinet de M. le comte de Vence* ait été effacée. Grande marge.

126 — La Gouvernante, par Lépicié, 1739 (24).

> Superbe épreuve. Grande marge.

127 — L'Inclination de l'âge, par P.-L. Surugue fils, 1743 (25).

> Très belle épreuve. Grande marge.

128 — L'Instant de la méditation, par L. Surugue, 1747 (26).

> Superbe épreuve. Grande marge.

129 — Le Jeu de l'oye, par P.-L. Surugue, 1745 (27).

> Superbe épreuve. Très grande marge.

130 — Jeune fille à la raquette, par Lépicié, 1742 (29).

> Très rare épreuve du premier état : à l'eau-forte pure et avant toutes lettres.

131 — La même estampe.

> Superbe épreuve, avant toutes lettres.

132 — Le Jeune soldat, par C.-N. Cochin (30).

> Très rare épreuve du premier état : avant toutes lettres, à l'état d'eau-forte pure.

133 — La même estampe.

> Superbe épreuve. Grande marge.

134 — La Maîtresse d'école, par Lépicié, 1740 (34).

> Très belle épreuve du premier état : avant les contretailles sur le haut du bonnet. Marge.

135 — La Mère laborieuse, par Lépicié, 1740 (35).

> Superbe et très rare épreuve, avant toutes lettres, état non décrit. Grande marge.

136 — Le Négligé, ou la toilette du matin, par Le Bas, 1741 (38).

> Superbe épreuve, avec une belle marge.

137 — L'Œconome, par J.-Ph. Le Bas, 1754 (39).

> Superbe épreuve du premier état : avant toutes lettres.

138 — Les Osselets, par Fillœul (39 *bis*).

> Très belle épreuve. Grande marge.

139 — L'Ouvrière en tapisserie, par J.-J. Flipart (40).

> Très rare épreuve du premier état : avant toutes lettres et à l'état d'eau-forte pure.

140 — La même estampe.

> Très belle épreuve. Grande marge.

141 — L'Ouvrière en tapisserie, par Gautier-Dagoty (41).

> Très belle épreuve imprimée en couleur. Rare.

142 — La Petite Fille aux cerises, par C.-N. Cochin (43).

> Très rare épreuve d'un premier état non décrit : avant toutes lettres et à l'état d'eau-forte pure.

143 — La même estampe.

> Très belle épreuve. Marge.

144 — Marguerite-Siméone Pouget, par Chevillet, 1777 (44).

> Belle épreuve.

145 — La Pourvoyeuse, par Lépicié, 1742 (45).

> Très belle épreuve.

146 — La Ratisseuse, par Lépicié, 1742 (46).

> Superbe épreuve. Marge.

147 — La Serinette, par L. Cars (47).

> Superbe épreuve, avec une belle marge.

148 — Le Souffleur, par Lépicié, 1744 (48).

> Superbe épreuve. Grande marge.

149 — Les Tours de cartes, par P.-L. Surugue fils, 1744 (51).

> Superbe épreuve du premier tirage. Marge.

CHEREAU (A Paris, chez la Vve de F.)

150 — Le Financier. Pièce in-4.

> Très belle épreuve. Marge.

COCHIN (D'après C.-N.)

151 — La Soirée, par Gallimard (J. 59).

> Très belle épreuve.

152 — Concours pour le prix de l'étude des têtes et de l'expression, par Flipart (274).

> Très belle et rare épreuve à l'eau-forte pure et avant toutes lettres.

153 — La même estampe.

> Très belle épreuve. Toute marge.

154 — La Charmante catin, par Madeleine Cochin.

> Très belle épreuve. Marge.

155 — Portrait d'une femme âgée assise devant une table et jouant aux cartes, gravé par Demarteau.

> Très belle épreuve.

COLSON (D'après)

156 — Le Repos, par M. Dupuis.

> Très belle épreuve. Marge.

COYPEL (D'après C$_H$.)

157 — Éducation sèche et rebutante donnée par une prude, par L. Desplaces.

> Très belle épreuve.

158 — La Folie pare la décrépitude des ajustemens de la jeunesse, par L. Surugue, 1745.

> Très belle épreuve. Grande marge.

159 — La Jeunesse sous les habillemens de la décrépitude, par Renée-Élisabeth Marlié-Lépicié.

> Très belle épreuve. Grande marge.

160 — *O momens trop heureux où règne l'Innocence,* par Joulain.

> Très belle épreuve. Marge.

DANDRÉ-BARDON (D'après)

161 — La Naissance, par J. Baléchou.

> Très belle épreuve. Grande marge.

DEBUCOURT (P.-L.)

162 — Le Menuet de la mariée, 1785.

> Superbe épreuve imprimée en couleur.

163 — Les Deux Baisers.

> Superbe épreuve imprimée en couleur; elle est d'une grande fraîcheur.

164 — L'Oiseau ranimé, 1787.

> Superbe et première épreuve imprimée en couleur, où la jeune femme, qui tient l'oiseau, a les seins découverts. Cette pièce est d'une extrême rareté.

165 — Promenade de la Galerie du Palais-Royal, 1787.

> Très belle épreuve imprimée en couleur.

166 — Promenade du Jardin du Palais-Royal, 1787.

> Superbe épreuve imprimée en couleur; elle est d'une grande fraîcheur et de belle marge. Très rare de cette qualité.

167 — La Main. — La Rose. Deux pièces faisant pendants, 1788.

> Magnifiques épreuves imprimées en couleur. L'épreuve de la Rose est du premier état : avant l'adresse et avec le nom de Debucourt tracé à la pointe. Très rares.

168 — Les Bouquets, ou la Fête de la grand'maman. — Le Compliment, ou la Matinée du jour de l'an. Deux pièces faisant pendants, 1788.

> Superbes épreuves imprimées en couleur, elles ont de très grandes marges. Très rares en aussi belle qualité.

169 — La Promenade publique, 1792.

> Superbe épreuve imprimée en couleur. Grande marge.

2

170 — L'Enfant soldat.

> Très belle épreuve. Sans marge.

171 — L'Heureuse Famille.

> Très belle épreuve imprimée en couleur. Rare.

172 — Cadran républicain de la nouvelle division du jour décrétée par la Convention nationale.

> Pièce in-8, avec légende dans la marge inférieure. Très rare.

DESCAMPS (D'après J.-B.)

173 — La Pupille, par M. Le Mire.

> Très belle épreuve. Toute marge.

DESFOSSÉS (D'après M.)

174 — La Reine Marie-Antoinette annonçant à Mme de Bellegarde des juges et la liberté de son mari. Gravé par A.-J. Duclos.

> Superbe et très rare épreuve, avant toutes lettres, à l'état d'eau-forte pure.

175 — La même estampe.

> Très belle épreuve, avant la lettre.

DE TROY (D'après J.-B.)

176 — L'Amant sans gêne, par C.-N. Cochin.

> Très belle épreuve. Marge.

177 — Toilette pour le bal. — Retour du bal. Deux pièces faisant pendants, gravées par J. Beauvarlet.

> Très belles épreuves avec la mention : *Tiré du cabinet de M. Prousteau, capitaine des gardes de la ville*, laquelle a été effacée par la suite. Marges.

178 — L'Ornement de l'esprit et du corps, par L. Surugue, 1747.

> Très belle épreuve.

DUPLESSIS BERTAUX (D'après)

179 — Le Charlatan français, par Helman, 1777.

> Très belle épreuve, avant la dédicace. Marge.

ÉCOLE FRANÇAISE, XVIIIᵉ SIÈCLE

180 — Costumes de gentilshommes et de grandes dames de l'époque
Louis XV. Huit pièces in-4, dont quatre sont avant la lettre.

    Très belles épreuves. Rares.

181 — Sujets variés d'après Watteau, costumes d'après Gravelot, etc.
Dix pièces.

EISEN (D'après F.)

182 — L'Optique, par B.-L. Henriquez.

    Très belle épreuve.

EISEN (D'après Cʜ.)

183 — L'Accord de mariage, par R. Gaillard.

    Très belle épreuve. Toute marge.

184 — L'Amour européen, par F. Basan.

    Superbe épreuve. Toute marge.

185 — Le Bouquet, par R. Gaillard.

    Très belle épreuve. Toute marge.

186 — Concert méchanique, par De Longueil.

    Très belle épreuve. Toute marge.

187 — Le Vieux Débauché, par Vodes.

    Superbe épreuve avec de grandes marges. Rare.

FRAGONARD (D'après H.)

188 — La Chemise enlevée, par E. Guersant.

    Très belle épreuve. Marge.

189 — La Gimblette, par Bertony.

    Très belle épreuve, avant les armes et la dédicace.

190 — Les Hasards heureux de l'escarpolette, par N. de Launay.

    Très rare épreuve du premier état : à l'eau-forte pure et avant toutes
lettres.

191 — Le Verre d'eau, par N. Ponce.

> Belle épreuve, avant toutes lettres.

FREUDEBERG (D'après S.)

192 — Le Lever, par Romanet. — Le Bain, par Romanet. — Le Coucher, par Duclos et Bosse. — L'Événement au bal, par Duclos et Ingouf. — La Soirée d'hiver, par Ingouf. — La Promenade du soir, par Ingouf. — Les Confidences, par Lingée. — Le Boudoir, par Malœuvre. — La Promenade du matin, par Lingée. — La Visite inattendue, par Voyez l'aîné. — L'Occupation, par Lingée. — La Toilette, par Voyez l'aîné.

> Suite complète de douze pièces formant la *Première suite d'estampes pour servir à l'histoire des mœurs et du costume des Français dans le dix-huitième siècle, année 1775.*

> Superbes et très rares épreuves, avant les numéros et avec les tablettes blanches, moins deux pièces : le Lever et l'Occupation qui sont avec les tablettes ombrées. Marges du cuivre.

GRAVELOT (D'après H.)

193 — Les Divertissements de la loterie. Grande pièce à compartiments publiée à Londres en 1740. Gravée par N. Parr.

> Très belle épreuve. Excessivement rare.

194 — Fondation pour marier dix filles, par Moreau et Huquier (E. B., 216).

> Très rare épreuve du premier état : à l'eau-forte pure et avant toutes lettres.

195 — La même estampe.

> Très belle épreuve.

196 — Le Lecteur, par R. Gaillard.

> Très belle épreuve. Grande marge,

GREUZE (D'après J.-B.)

197 — La Cruche cassée, par Massard, 1773.

> Superbe épreuve, avant toutes lettres et avant la tablette; elle n'est pas entièrement terminée. De la plus grande rareté.

198 — Étude pour le tableau de la Dame de charité, par Massard.

> Très belle épreuve. Marge.

199 — La Fille grondée, par C.-F. Letellier.

> Très belle épreuve. Marge.

200 — Le Malheur imprévu, par de Launay.

> Superbe et rare épreuve, avant toutes lettres. Marge.

201 — La Philosophie endormie, par Moreau et Aliamet.

> Belle épreuve.

JEAURAT (D'après Ét.)

202 — Le Carnaval des rues de Paris, par C. Le Vasseur.

> Très belle épreuve, avant la lettre.

203 — Le Transport des filles de joye à l'hôpital, par C. Le Vasseur.

> Superbe épreuve, avant la lettre. Grande marge.

204 — Les Citrons de Javotte, par C. Le Vasseur.

> Très belle épreuve.

205 — La Couturière, par Baléchou.

> Très belle épreuve. Marge.

206 — L'Exemple des mères, par Lucas.

> Superbe épreuve, avant toutes lettres et avec marge. de l'une des plus
> jolies pièces du maître. Très rare.

207 — Le Fiacre, par Pasquier.

> Très belle épreuve. Grande marge.

208 — Le Joli Dormir, par Élisabeth-Claire Tournay, femme Tardieu.

> Très belle épreuve.

209 — Le Mari jaloux, par Baléchou, 1743.

> Très belle épreuve. Grande marge.

210 — La Place Maubert, par Aliamet.

> Très belle épreuve, avant toutes lettres.

211 — La Relevée, par Lépicié.

> Très belle épreuve. Marge.

212 — Le Remède, par F. Aliamet.

> Très belle épreuve. Toute marge.

LANCRET (D'après N.)

213 — A femme avare, galant escroc, par de Larmessin (E. B., 2).

> Superbe épreuve, avant l'adresse de Buldet. Grande marge.

214 — *D'un baiser que Tircis...*, par S. Silvestre (26).

> Rare épreuve à l'état d'eau-forte.

215 — Le Glorieux, par N. Dupuis (E. B., 37).

> Très belle et rare épreuve du premier état : avant toutes lettres.

216 — L'Hiver, par J.-P. Le Bas.

> Très belle épreuve. Grande marge.

217 — Le Jeu de colin-maillard, par C.-N. Cochin (42).

> Très rare épreuve, avant toutes lettres, à l'état d'eau-forte.

218 — Les Rémois, par de Larmessin (69).

> Superbe épreuve, avant l'adresse de Buldet. Grande marge.

LA TOUR (D'après MAURICE QUENTIN DE)

219 — **Fremin** (René). Gravé par P.-L. Surugue. In-fol.

> Très belle épreuve.

220 — **La Fontaine Solare de La Boissière** (Marie-G.-L. de). Gravé par Petit. In-fol.

> Très belle épreuve. Grande marge.

221 — **La Morlière** (Charles Richer de Roddes de), par Lépicié. In-fol.

> Très belle épreuve.

222 — **La Tour** (Maurice Quentin de), d'après lui-même, gravé par G.-F. Schmidt. In-fol.

> Très belle épreuve.

223 — **Paris de Montmartel** (J.), célèbre financier, représenté assis dans son cabinet; gravé par Cathelin. In-fol.

> Très belle épreuve, avant la lettre. Remargée.

224 — **Restout** (J.), gravé par P.-E. Moitte. In-fol.

> Superbe et rare épreuve, avant toutes lettres.

225 — **Silvia** (N.), actrice, gravé par Surugue le fils. In-fol.

> Très belle épreuve.

226 — **Thomassin** (Thomas-Antoine-Vincentini, dit). L'Arlequin de la Comédie italienne à Paris, gravé par Bertrand. In-fol.

> Très belle et rare épreuve, avant toutes lettres.

LAVREINCE (D'après N.)

227 — L'Assemblée au concert. — L'Assemblée au Salon. — Deux pièces faisant pendants, gravées par Dequevauviller (E.-B., 5 et 6).

> Très rares épreuves à l'état d'eau-forte. Sans marges.

228 — L'Assemblée au Salon, par F. Dequevauviller (6).

> Superbe et rare épreuve, avant la dédicace.

229 — L'Aveu difficile, par Janinet (8).

> Magnifique épreuve, imprimée en couleur, du premier état : avant toutes lettres et avant que le troisième pied du fauteuil ait été indiqué ; elle a la marge du cuivre et est très fraîche. Très rare de cette qualité.

230 — Le Billet doux, par N. de Launay (10).

> Très rare épreuve à l'eau-forte pure, avant toutes lettres et avant les armes. Dans cet état, le chat qui dort aux pieds de la jeune femme n'existe pas.

231 — La même estampe.

> Magnifique épreuve, avant la lettre, seulement les noms des artistes gravés au burin, et le titre : *le Billet doux*, tracé en petites capitales grises, dans un nuage, au-dessus des armes. Très rare.

232 — La Comparaison, par Janinet (12).

> Superbe épreuve imprimée en couleur. Marge.

233 — Le Coucher des ouvrières en modes. — Le Lever des ouvrières en modes. Deux pièces faisant pendants, gravées par F. Dequevauviller (16 et 3o).

> Superbes et très rares épreuves, avec le titre et les noms des artistes, sans aucune autre lettre. Toutes marges.

234 — École de danse, par F. Dequevauviller (12).

> Superbe et très rare épreuve, avec le titre et le nom des artistes, sans aucune autre lettre. Toute marge.

235 — L'Indiscrétion, par Janinet (3o).

> Magnifique épreuve imprimée en couleur, avant toutes lettres, seulement les mots : *F. Janinet, sculp.*, tracés à la pointe sous le trait carré. Le pied de la femme qui est assise a été avancé et deux boucles des cheveux qui encadrent sa tête ont été dessinées ; elle a la marge du cuivre et est très fraîche. Rare de cette qualité.

236 — Qu'en dit l'abbé ? par N. de Launay (31).

> Très rare épreuve, dans un état d'eau-forte assez avancé ; elle est avant de nombreux changements, notamment ceux que l'on remarque dans les figures des deux jeunes femmes, dont l'expression est toute différente de celle des épreuves terminées, et dans leurs coiffures, dont l'arrangement a été changé.

237 — Le Roman dangereux, par Helman, 1781 (56).

> Superbe et très rare épreuve du premier état : à l'eau-forte pure, avant toutes lettres et avant les armes. Marge.

LE CLERC (D'après)

238 — L'Abbé en conqueste. A Paris, chez la veuve de F. Chereau.

> Très belle épreuve. Toute marge.

LEGENDRE (D'après)

239 — La Jeune Sultane, par Chevillet.

> Superbe épreuve, avant toutes lettres.

MICHEL (J.-B.)

240 — Le Peintre amoureux de son modèle, d'après Chevallier.

> Très belle épreuve. Grande marge.

MOREAU (J.-M.) LE JEUNE

241 — Promenade de l'après-dîné, gravée à l'eau-forte par Moreau et terminée par Le Bas, d'après Vernet (E. B., 183).

> Superbe épreuve, avant toutes lettres.

242 — Constitution de l'Assemblée nationale et serment des députés qui la composent, à Versailles, le 17 juin 1789 (205).

> Superbe et rare épreuve, avant toutes lettres. Toute marge.

243 — La Cinquantaine, 1771 (E. B., 240).

> Superbe épreuve d'une pièce de la plus grande rareté.

244 — Tombeau de Jean-Jacques Rousseau, à Ermenonville (257).

> Très rare épreuve du premier état : à l'eau-forte pure et avant que la bonne femme que l'on voit à gauche, agenouillée et priant, ait été supprimée.

MOREAU (D'après J.-M.)

245 — Exemple d'humanité donné par Mme la Dauphine, le 16 octobre 1773, gravé par Godefroy (244).

> Très belle épreuve. Grande marge.

246 — Répertoire pour les spectacles de la cour, à Fontainebleau ; dans le haut, au milieu de l'encadrement, le portrait de Louis XV. Gravé par Lempereur (246).

> Superbe épreuve du premier état, grande marge. Rare.

247 — Répertoire pour les spectacles de la cour ; dans le milieu de la partie supérieure de l'encadrement et dans un médaillon circulaire, le buste du roi Louis XVI. Gravé par Martini (253).

> Superbe épreuve, avant toutes lettres et avec une grande marge. Très rare.

248 — Couronnement de Voltaire sur le Théâtre-Français, le 30 mars 1778, après la sixième représentation d'*Irène*. Gravé par Gaucher (261^a).

> Belle épreuve avec les armes et la dédicace.

249 — Déclaration de la grossesse, par Martini. — Les Précautions, par Martini. — J'en accepte l'heureux présage, par Trière. — N'ayez pas peur, ma bonne amie, par Helman. — C'est un fils, monsieur, par Bacquoy. — Les Petits Parrains, par Bacquoy et Patas. — Les Délices de la maternité, par Helman. — L'Accord parfait, par Helman. — Le Rendez-vous pour Marly, par Guttenberg. — Les Adieux, par de Launay le jeune. — La Rencontre au bois de Boulogne, par Guttenberg. — La Dame du palais de la reine, par Martini.

Suite complète de douze pièces formant la seconde série de la *Suite d'estampes pour servir à l'histoire des modes et du costume en France, dans le* xviiie *siècle, année 1776.*

Superbes épreuves d'une parfaite égalité de tirage; elles sont avec les lettres A. P. D. R. et ont de belles marges.

NATTIER (D'après J.-M.)

250 — **Leckzinska** (Marie), princesse de Pologne, reine de France, gravé par J. Tardieu. In-fol.

Très belle épreuve.

251 — **Madame Louise-Élisabeth de France, duchesse de Parme** (la Terre). — **Madame Adélaïde de France** (l'Air). — **Madame Marie-Louise-Thérèse Victoire de France** (l'Eau). — **Madame Marie-Henriette de France** (le Feu). Suite de quatre pièces gravées par Baléchou, Beauvarlet, R. Gaillard et J. Tardieu.

Très belles épreuves.

252 — La belle Source (**Mme de Pompadour**), par Meliny. In-fol.

Très belle épreuve. Grande marge.

253 — La Chasseuse aux cœurs (**Mlle de Beaujolais**), par B.-L. Henriquez. In-fol.

Très belle épreuve. Marge.

254 — Mme de *** en Flore (**Mme de Pompadour**), par Voyez le jeune. In-fol.

Très belle épreuve. Grande marge.

255 — Mme la duchesse de *** en Hébé (**Louise-Henriette de Bourbon-Conti, duchesse d'Orléans**), par Hubert. In-fol.

  Très belle épreuve. Marge.

256 — Flore à son lever (**Mme du Bocage**), par Malœuvre. In-fol.

  Très belle épreuve.

257 — La Nuit passe, l'Aurore paraît (**Mme la duchesse de Château-roux**), par Malœuvre. In-fol.

  Très belle épreuve.

PATER (D'après J.-B.)

258 — L'Essai du bain, par Voyez.

  Superbe épreuve, avant toutes lettres, avec vers manuscrits dans la marge inférieure. Gravé par Savary. Toute marge.

259 — Le Plaisir de l'été, par L. Surugue, 1744.

  Très belle épreuve.

260 — Ragotin sortant de la malle, par Surugue.

  Très belle épreuve, avant toutes lettres.

261 — Soldats faisant halte. Grande pièce in-fol. en largeur.

  Épreuve à l'eau-forte pure.

POUSSIN (D'après Ét.)

262 — Bal de Saint-Cloud, par Fessard.

  Très belle épreuve.

SAINT-AUBIN (D'après G. de)

263 — La Parade des boulevards, par Duclos.

  Superbe et très rare épreuve, avant toutes lettres, non entièrement terminée.

264 — Éventail fait pour le mariage de Marie-Antoinette et de Louis XVI; il représente les deux nations fêtant l'alliance, le verre en main, pendant que des amours enroulent le plan de la dernière guerre. Gravé par Duclos.

  « *État d'eau-forte très légèrement indiqué et entièrement retravaillé et accentué au crayon, par Gabriel de Saint-Aubin qui a écrit dans le demi-rond blanc de l'éventail : Je prie M. Duclos de me conserver cette épreuve retouchée avec le plus grand soin.* »

En l'état cette pièce peut passer pour un véritable dessin du maître.

265 — La Guinguette, par F. Basan.

Très belle épreuve. Marge.

SAINT-AUBIN (Aug. de)

266 — Louise-Émilie, baronne de *** (**Mme de Breteuil**). — Adrienne-Sophie, marquise de ***. (**Mme A. de Saint-Aubin**). Deux pièces faisant pendants (E. B., 7 et 72).

Superbes épreuves du premier état : à l'eau-forte pure, avant toutes lettres et avant la bordure ; elles ont de belles marges. Excessivement rares.

267 — Les mêmes estampes terminées avec les encadrements.

Superbes épreuves, avant les adresses. Marges.

268 — Au moins soyez discret (E. B., 406).

Superbe épreuve, avant toutes lettres, seulement la mention : *Aug. de Saint-Aubin delin. et sculp.*, tracée à la pointe, sous le trait carré.

SAINT-AUBIN (D'après Aug. de)

269 — La Promenade des remparts de Paris, par P.-F. Courtois (382).

Très rare épreuve, avant toutes lettres, à l'état d'eau-forte pure.

270 — Promenade des remparts de Paris. — Tableau des portraits à la mode. — Deux pièces faisant pendants, gravées par P.-F. Courtois (378-382).

Superbes épreuves, avant toutes lettres. Excessivement rares à trouver réunies de cet état.

271 — Le Bal paré. — Le Concert. Deux pièces faisant pendants, gravées par A.-J. Duclos (402-403).

Superbes épreuves, avant l'adresse de Chereau et avant les inscriptions à la suite du nom de Saint-Aubin ; marges. Très rares de cette qualité.

272 — Le Jour de l'an dans les rues de Paris. Pièce in-4 en hauteur.

Très rare épreuve, avant toutes lettres, à l'état d'eau-forte pure. Au bas de la droite, dans la gravure, on lit : *F. P. Ch. sculp.*

SLODTZ (D'après M.-A.)

273 — Bal du May donné à Versailles, pendant le carnaval de l'année 1763; gravé par Martinet.

> Très belle épreuve.

TOUZÉ (D'après J.-L.)

274 — Tableau magique de Zémire et Azor, par Voyez le jeune.

> Très belle épreuve avant la lettre.

WATTEAU (D'après Ant.)

275 — **Watteau** (Antoine), par Boucher (Ed. de Goncourt, 12).

> Superbe épreuve. Grande marge.

276 — Watteau et M. de Julienne, dans un jardin, par Tardieu (14).

> Superbe épreuve. Toute marge.

277 — **Rebel** (J.-B.), par L. Moyreau.

> Très rare épreuve, avant toutes lettres, à l'état d'eau-forte.

278 — **Laroque** (Antoine de), par Lépicié (17).

> Très rare épreuve, avant toutes lettres, à l'état d'eau-forte pure.

279 — Retour de chasse, par B. Audran (18).

> Superbe épreuve. Grande marge.

280 — *La plus belle des fleurs ne dure qu'un matin,* par J.-M. Liotard (19).

> Très belle épreuve. Grande marge.

281 — Le Naufrage, par C. (Caylus) (24).

> Très belle épreuve. Grande marge.

282 — *Qu'ay-je fait, assassins maudits,* par le C.-C. (Caylus) (25).

> Très belle épreuve. Grande marge.

283 — Prenez des pilules, prenez des pilules (portrait du Dr Misabin), gravé par P. A. (Arthur Pound) (26).

> Belle épreuve. Très rare.

284 — La Sainte Famille, par M. Jeanne Renard du Bos (31).

> Très belle et rare épreuve, avant toutes lettres.

285 — Diane au bain, par P. Aveline (36).

> Superbe épreuve. Toute marge.

286 — Pomone, par Boucher (41).

> Superbe épreuve. Grande marge.

287 — Le Triomphe de Cérès, par Crépy (43).

> Très rare épreuve, à l'état d'eau-forte pure.

288 — Camp volant, par N. Cochin (52).

> Très rare épreuve, avant toutes lettres, à l'état d'eau-forte pure.

289 — Retour de campagne, par N. Cochin (53).

> Très rare épreuve, avant toutes lettres, à l'état d'eau-forte pure.

290 — Les Fatigues de la guerre, par Scotin (54).

> Épreuve, avant toutes lettres, à l'état d'eau-forte pure.

291 — Escorte d'équipages, par Cars (56).

> Très rare épreuve, avant toutes lettres, à l'état d'eau-forte pure. Marge.

292 — La même estampe.

> Très rare épreuve, avant la lettre, non entièrement terminée et avec des retouches pour servir d'indication au graveur.

293 — L'Alliance de la Musique et de la Comédie, par Moyreau (63).

> Superbe épreuve. Grande marge.

294 — Comédiens français, par J.-M. Liotard (64).

> Très rare épreuve, avant toutes lettres, à l'état d'eau-forte pure.

295 — La même estampe.

> Superbe épreuve. Grande marge.

296 — L'Amour au théâtre français, par C.-N. Cochin (65).

> Très rare épreuve, avant toutes lettres, à l'état d'eau-forte pure. Marge.

297 — Spectacle français, par P. Dupin (66).

> Très belle épreuve. Grande marge.

298 — Comédiens italiens, par Baron (68).

> Superbe et rare épreuve, avant toutes lettres. Marge.

299 — L'Amour au théâtre italien, par C.-N. Cochin (69).

> Très rare épreuve, avant toutes lettres, à l'état d'eau-forte pure.

300 — Le Départ des comédiens italiens, par L. Jacob (70).

> Très rare épreuve, avant toutes lettres, non entièrement terminée. Marge.

301 — *Arlequin, Pierrot et Scapin,* par L. Surugue (75).

> Très belle épreuve. Marge.

302 — La Finette, par B. Audran (83).

> Très belle et rare épreuve, avant toutes lettres.

303 — L'Indifférent, par G. Scotin (84).

> Très belle et rare épreuve, avant toutes lettres, non entièrement terminée.

304 — Mezetin, par B. Audran (86).

> Superbe épreuve. Grande marge.

305 — La Rêveuse, par P. Aveline (88).

> Très belle épreuve. Grande marge.

306 — La Villageoise, par P. Aveline (90).

> Très belle épreuve. Très grande marge.

307 — L'Occupation selon l'âge, par Dupuis (92).

> Très rare épreuve, avant toutes lettres, à l'état d'eau-forte pure. Marge.

308 — La même estampe.

> Superbe épreuve, avec marge.

309 — Le Chat malade, par J.-E. Liotard (93).

> Très belle épreuve, avec marge.

310 — Les Agréments de l'été, par Joulin (100).

> Très rare épreuve, avant toutes lettres, à l'état d'eau-forte pure.

311 — L'Amant repoussé, par P. Mercier (101).

> Belle épreuve.

312 — L'Assemblée galante, par Lebas (108).

> Très rare épreuve, avant toutes lettres, à l'état d'eau-forte pure.

313 — Le Bosquet de Bacchus, par C.-N. Cochin (113).

> Très rare épreuve, avant toutes lettres, à l'état d'eau-forte pure.

314 — La même estampe.

> Superbe épreuve du premier état de la planche terminée. Toute marge.

315 — La Cascade, par G. Scotin (115).

> Très belle épreuve. Marge.

316 — Les Champs-Élysées, par N. Tardieu (116).

> Très rare épreuve, avant toutes lettres, à l'état d'eau-forte pure.

317 — La même estampe.

> Superbe épreuve. Marge.

318 — Les Charmes de la vie, par P. Aveline (117).

> Très rare épreuve, avant toutes lettres, à l'état d'eau-forte pure.

319 — La même estampe.

> Très belle épreuve, avant toutes lettres.

320 — La Contredanse, par Brion (122).

> Très rare épreuve, avant toutes lettres, à l'état d'eau-forte pure.

321 — La Conversation, par Liotard (123).

> Très rare épreuve, avant toutes lettres, à l'état d'eau-forte pure.

322 — La même estampe.

> Très belle épreuve. Marge.

323 — La Diseuse d'aventure, par Cars (127).

> Très belle et rare épreuve, avant toutes lettres.

324 — L'Embarquement pour Cythère, par Tardieu (128).

> Très rare épreuve, avant toutes lettres, à l'état d'eau-forte pure, dans un beau cadre ancien en bois sculpté avec fronton.

325 — Entretiens amoureux, par Liotard (131).

> Très rare épreuve, avant toutes lettres, à l'état d'eau-forte pure. Au

verso, est imprimée une épreuve également avant la lettre de la même pièce, mais dans un état de la planche un peu plus avancé.

326 — La Famille, par P. Aveline (134).

Très belle épreuve. Marge.

327 — Fêtes vénitiennes, par L. Cars (135).

Très rare épreuve, avant toutes lettres, à l'état d'eau-forte pure. Marge.

328 — La Gamme d'amour, par Le Bas (136).

Superbe épreuve. Grande marge.

329 — Harlequin jaloux, par Chedel (137).

Très belle et rare épreuve, avant la lettre.

330 — L'Ile enchantée, par J.-P. Le Bas (139).

Très rare épreuve, à l'état d'eau-forte pure.

331 — La même estampe.

Très belle épreuve. Marge.

332 — Leçons d'amour, par Ch. Dupuis (144).

Très rare épreuve, avant toutes lettres, à l'état d'eau-forte pure.

333 — Le Passe-Temps, par B. Audran (151).

Très belle épreuve. Marge.

334 — La Perspective, par Crespy (152).

Très rare épreuve, avant toutes lettres, non entièrement terminée ; elle a quelques retouches à la plume.

335 — Pierrot content, par E. Jeaurat (153).

Très belle épreuve. Marge.

336 — Lè Plaisir pastoral, par N. Tardieu (154).

Très rare épreuve, avant toutes lettres, à l'état d'eau-forte pure. Marge.

337 — La même estampe.

Très belle épreuve. Marge.

338 — Récréation italienne, par Aveline.

Très rare épreuve, avant toutes lettres, à l'état d'eau-forte pure. Marge.

3

339 — La même estampe.

Très belle épreuve. Marge.

340 — Le Rendez-vous de chasse, par Aubert (164).

Très rare épreuve, avant toutes lettres, à l'état d'eau-forte pure.

341 — *Voulez-vous triompher des belles ?* par Thomassin (179).

Très belle épreuve. Marge.

342 — La Vraie Gaieté, par de Famars (184).

Très belle épreuve, avec marge. **Très rare.**

343 — L'Occupation champêtre, par de Rochefort (190).

Belle épreuve. Toute marge.

344 — Le Marais, par L. Jacob (194).

Très rare épreuve, avant toutes lettres, à l'état d'eau-forte pure.

345 — La même estampe.

Très belle épreuve. Grande marge.

346 — L'Abreuvoir, par L. Jacob (195).

Très rare épreuve, avant toutes lettres, à l'état d'eau-forte pure.

347 — Vue de Vincennes, par Boucher (197).

Très belle épreuve.

348 — Danse autour d'un mai (269).

Très belle épreuve d'une pièce rare.

PORTRAITS DE FEMMES

DE LA SOCIÉTÉ

------

349 — **Argens** (Barbe Cochoy, marquise d'). Petite eau-forte anonyme. In-8.

> Belle épreuve. Marge.

350 — **Artois** (Marie-Thérèse, princesse de Savoie, comtesse d'), gravé par Cathelin d'après Drouais. In-4.

> Très belle épreuve.

351 — **Artois** (Mme la comtesse d') et ses enfants, gravé par Ingouf. In-4.

> Très belle épreuve. Toute marge.

352 — **Aved** (Anne-Charlotte Gautier de Loiserolle, femme d'), peintre du roi, gravé par Baléchou d'après Aved. In-folio.

> Très belle épreuve. Toute marge.

353 — **Baillet** (Madeleine-Élisabeth Bailleux, femme de Nicolas). In-8.

> Belle épreuve. Marge.

354 — **Baron** (Mme) jeune. — **Bicker** (Mme). — **Bourbon** (Stéphanie-Louise de). — **Cavanc** (Mme de). — **Charnois** (Mme de). — **Chatulay** (la comtesse de). — **Chauchat** (Mme). — **Courmont** (Mme de). — **Deville** (Mme). — **Estampes** (F.-B.-G. Joly de Fleury, marquise d'). — **Gougenot** (Mme de). — **La Place** (Mme de). — **Legrand** (Mme). — **Margency** (Mlle de). — **Millière** (Mlle de La). — **Plouvier** (Mme). — **Ramière** (comtesse de La).

— **Robespierre** (Mlle). — **Roland** (Mme). — **Saint-Léon** (Mlle de).
— **Vauréal** (comtesse de), etc. — Vingt-six portraits de
femmes, époque de la Révolution, dessinés au phy-
sionotrace et gravés par Chrétien et Quenedey.

355 — **Blondel d'Azincourt** (Mme), gravé par Houel. In-4.
> Très belle épreuve.

356 — **Boucher** (Marie-Françoise Perdrigeon, épouse d'Étienne-Paul),
gravé par Dupuis d'après Raoux. In-fol.
> Très belle épreuve, avant toutes lettres.

357 — **Bourbon** (Louise-Marie-Thérèse-Bathilde d'Orléans, duchesse
de), gravé par Le Beau d'après Le Noir. In-4.
> Belle épreuve. Toute marge.

358 — **Carcado** (J.-A. Poncet de La Rivière, comtesse de), gravé par
Marodon. In-8.
> Belle épreuve. Marge.

359 — **Caylus** (Marguerite de Valois, comtesse de), gravé par J. Daullé,
d'après Rigaud. In-fol.
> Belle épreuve.

360 — **Chardin** (Fra.-Marguerite Pouget, femme de M.), gravé par
L. Cars, d'après Cochin. In-4.
> Très belle épreuve.

361 — **Chartres** (Louise-Henriette de Bourbon-Conti, duchesse de),
par Desrochers. In-8.
> Belle épreuve.

362 — **Chartres** (Louise-Henriette de Bourbon-Conti, duchesse de),
en pied et en grand costume de cour. In-fol.
> Belle épreuve. Marge.

363 — **Chartres** (Louise-Marie-Adélaïde de Bourbon-Penthièvre, duchesse de), gravé par B.-L. Henriquez, d'après Duplessis.
In-fol. en largeur.
> Très belle épreuve, avant la lettre.

364 — **Châteauroux** (Mme la duchesse de), gravé par Pruneau, d'après Nattier. In-4.

> Très belle épreuve. Toute marge.

365 — **Châtelet** (Gabrielle-Émilie de Breteuil, marquise du), gravé par Langlois, d'après Marie-Anne Loir. In-8.

> Très belle épreuve. Marge.

366 — **Conti** (Fortunée-Marie d'Este, princesse de), gravé par Saint-Aubin, d'après Cochin. In-4.

> Très belle épreuve.

367 — **Courville** (Mme de). In-8, sans nom d'artiste.

> Très belle épreuve. Toute marge.

368 — **Crozat** (Mlle), gravé par J. Langlois. In-8.

> Belle épreuve. Grande marge.

369 — **Denis** (Marguerite-Claude, née de Foissy), gravé par François. In-4.

> Belle épreuve imprimée en bistre.

370 — **Du Barry** (Mme la comtesse), gravé par Beauvarlet, d'après Drouais. In-fol.

> Superbe et très rare épreuve, avant la lettre. Grande marge.

371 — **Du Barry** (Mme la comtesse), gravé par J. Condé, d'après Cosway. In-8.

> Très belle épreuve. Très rare.

372 — **Du Chastelet** (Gabrielle-Émilie de Breteuil, marquise), gravé par Lempereur, d'après Loir. In-4.

> Belle épreuve. Marge.

373 — **Ducoudray** (Angélique), pensionnée et envoyée par le roy, pour enseigner à pratiquer les accouchements dans tout le royaume, gravé par J. Habert. In-8.

> Belle épreuve avec marge. Rare.

374 — **Dupuy** (Mme), gravé par Pariset, d'après Pujos. In-4.

> Belle épreuve.

375 — **Duthé** (Mlle), gravé par Janinet, en 1779, d'après Lemoine. Elle est représentée de face et assise devant sa table de toilette dont le miroir la reflète de profil; elle tient des roses d'une main, une lettre de l'autre.

> Superbe épreuve, imprimée en couleur, découpée à l'ovale et reportée sur un encadrement gravé dans la marge inférieure duquel on lit : Mlle Du T... Rare.

376 — **Élisabeth-Philippine-Marie-Hélène de France**, gravé par Bouillard. In-4.

> Très belle épreuve. Toute marge.

377 — **Espinasse** (Mme de l'), d'après Carmontelle. In-8.

> Belle épreuve.

378 — **Fillon** (Mlle), surnommée la Présidente, gravé par Desrochers. In-8.

> Belle épreuve. Rare.

379 — **Fosseuse** (Marie-Judith de Champagne, marquise de), gravé par de Longueil, d'après Vestier. In-8.

> Belle épreuve.

380 — **Genlis** (Stéphanie-Félicité Ducrest, marquise de Sillery, cidevant comtesse de), gravé par Copia, d'après Miris. In-8.

> Belle épreuve. Toute marge.

381 — **Genlis** (Mme de), gravé par Henry Meyer et publié à Londres en 1819. In-4.

> Belle épreuve.

382 — **Geoffrin** (Mme), gravé par S.-C. Miger. In-4.

> Très belle épreuve. Toute marge.

383 — **Grafigny** (Françoise, née comtesse d'Issemburg, veuve de M. Huguet de), gravé par L.-J. Cathelin, d'après Garand. in-8.

> Belle épreuve avec marge.

384 — **Grafigny** (Mme de), gravé par Levêque. In-4.

> Belle épreuve. Marge.

385 — **Guillonville** (Félicité-Sylvie de Sablon, Mme de), gravé par Campion. In-4.

Très belle épreuve avant la lettre. Marge.

386 — **Guyard** (Marie-Élisabeth-Jean-Baptiste), épouse de messire Charles-Paul de Bourgevin de Moligny de Vialart, gravé par Fessard, d'après F. Martin. In-fol.

Très belle épreuve.

387 — **Heineken** (Mme de), gravé par Aug. de Saint-Aubin. In-4.

Belle épreuve. Marge.

388 — **Hervey** (lady), gravé par Watelet, d'après Cochin. In-8.

Belle épreuve.

389 — **La Fontaine Solare de La Boissière** (Marie-G^{lle}-L^{se} de), gravé par Petit, d'après de La Tour. In-fol.

Belle épreuve.

390 — **Lamballe** (Marie-Thérèse de Savoie-Carignan, princesse de), gravé par Ruotte, d'après Danloux. In-4.

Très belle épreuve, avant toutes lettres, imprimée en couleur. Marge.

391 — **Largillière** (Marguerite-Élisabeth de), gravé par J.-G. Wille, d'après Largillière. In-fol.

Très belle épreuve. Marge.

392 — **La Roche** (Sophie-V.). Petit profil qui se dessine en noir sur un médaillon blanc, probablement d'après Carmontelle. In-8.

Belle épreuve. Rare.

393 — **La Trémoille** (Charlotte-Catherine de), gravé par Miger, d'après Le Monnier. In-4.

Belle épreuve.

394 — **Lavergne** (Mlle), nièce de M. Liotard, gravé par Daullé et Ravenet, d'après Liotard. In-fol.

Très belle épreuve. Rare.

395 — **Lecomte** (Marguerite), gravé par Lempereur, d'après Watelet. In-4.

Très belle épreuve.

396 — La même personne, portrait in-8, gravé par Watelet, d'après Cochin.

Très belle épreuve, avant la lettre.

397 — **Le Couteulx du Moley** (Sophie), gravé par Saint-Aubin, d'après Cochin. In-4.

Très rare épreuve, avant toutes lettres, à l'état d'eau-forte.

398 — Le même portrait terminé.

Très belle épreuve. Toute marge.

399 — **Le Couteulx du Moley** (Sophie), petit buste dans un médaillon entouré de muses et d'amours jouant de divers instruments de musique, gravé par Nicollet, d'après Cochin. In-fol.

Très belle et rare épreuve, avant la lettre.

400 — **Leczinska** (Marie), princesse de Pologne, reine de France, gravé par Duponchelle, d'après Nattier. In-8.

Très belle épreuve. Grande marge.

401 — Le même personnage, gravé par Petit, d'après de La Tour. In-4.

Très belle épreuve.

402 — **Ledaulceur** (Mme), portrait in-4, sans nom d'artiste.

Très belle épreuve.

403 — **Legros** (Mme), protectrice de Latude, gravé par Clément, d'après Pujos. In-8.

Belle épreuve.

404 — **Letine** (Mme), belle-mère de M. de la Live, gravé, d'après Bernard, par La Live. In-fol.

Très belle épreuve, d'un charmant portrait gravé bien certainement par A. de Saint-Aubin. Excessivement rare.

« Une eau-forte qui est l'idéal de la gravure de femme et qui vous fait regretter qu'il n'y ait qu'un portrait de femme du XVIIIe siècle ainsi exécuté et encore un portrait de vieille femme. »

405 — **Loiserolle** (Mlle de), gravé par Baléchou, d'après Aved. In-fol.

Très belle épreuve. Marge.

406 — Madame **Louise-Marie** de France, religieuse carmélite, sous le nom de sœur Thérèse de Saint-Augustin, gravé par Le Beau, d'après Queverdo. In-8.

> Belle épreuve. Marge.

407 — **Lullin** (Alexandrine Fatio, veuve de M. le syndic Pierre), d'après Liotard. In-4.

> Très belle épreuve.

408 — **Mareilles** (P.-B.-H. de Letancourt, comtesse de), gravé par De Longueil, d'après Ch. Eisen. In-4.

> Très belle épreuve avec marge. Rare.

409 — **Marie-Antoinette,** dauphine de France, gravé en imitation du pastel, par Bonnet, d'après Kransinger. In-8.

> Superbe épreuve, avant toutes lettres, imprimée en couleur. De la plus grande rareté.

410 — Le même portrait, gravé une seconde fois par Bonnet et en contre-partie.

> Très belle épreuve. Marge.

411 — **Marie-Antoinette** d'Autriche, reine de France et de Navarre, gravé par Janinet.

> Superbe épreuve imprimée en couleur, avec la bordure rehaussée d'or. Rare.

412 — **Marie-Antoinette,** reine de France. Petit buste dans un médaillon soutenu par des amours au-dessus de figures allégoriques; gravé par B.-L. Prevost, d'après Cochin, sous le titre : *Hommage des arts.* In-fol.

> Très belle épreuve. Marge.

413 — **Marie-Antoinette,** reine de France et de Navarre, représentée en pied et en grand costume de cour, gravé par Duflos, d'après Touzé. In-fol.

> Très belle épreuve. Toute marge.

414 — **Marie-Cécile,** princesse ottomane, gravé par Gaucher. In-8.

> Belle épreuve.

415 — **Marie-Josèphe** de Saxe, dauphine de France, gravé par Aubert, d'après de La Tour. In-fol.

> Belle épreuve. Toute marge.

416 — **Marie-Thérèse** d'Espagne, dauphine de France, gravé par Wille, d'après Klein. In-4.

> Belle épreuve.

417 — **Marie-Josèphe** de Saxe, dauphine de France, gravé par J.-G. Wille, d'après Klein. In-4.

> Très belle épreuve.

418 — **Monchy** (Mme de), gravé par L. Surugue, d'après Coypel, sous le titre : *Mad. de ** en habit de bal.* In-fol.

> Très belle épreuve. Marge.

419 — **Narbonne-Pelet** (Marie-Antoinette de Rosset de Fleury, vicomtesse de), gravé par J. Daullé. In-fol.

> Belle épreuve.

420 — **Necker** (Mme), gravé par Lips. In-8.

> Belle épreuve. Toute marge.

421 — **Noyelle** (Marie-A.-B. de Rasoir, baronne de), gravé par Gaucher. In-8.

> Très belle épreuve.

422 — **Oliva** (M.-N. Leguay d'), gravé par Legrand, d'après Pujos. In-4.

> Très belle épreuve. Grande marge.

423 — **Orléans** (Élisabeth-Charlotte, Palatine du Rhin, duchesse d'), gravé par Marie Horthemels, d'après Rigaud. In-fol.

> Très belle épreuve. Grande marge.

424 — **Orléans** (Louise-Henriette de Bourbon-Conti, duchesse d'), gravé par Petit, d'après E. Pottier. In-4.

> Belle épreuve.

425 — **Orléans** (le duc et la duchesse d') avec leurs enfants, gravé par Saint-Aubin et Helman, d'après Lepeintre. In-fol.

> Très belle épreuve, avant la lettre.

426 — **Palignyers** (Catherine de Rechillon, marquise des), gravé par Hubert, d'après Graincourt. In-8.

> Très belle épreuve.

427 — **Papillon** (Nicole), âgée de 89 ans, gravé par Madame Oudry. In-4.

> Belle épreuve.

428 — **Parabère** (Mme de), gravé par Valée, d'après Rigaud. In-fol.

> Très belle épreuve.

429 — **Pesne** (Mlle), gravé en manière noire par Rasp, d'après Ant. Pesne. In-4.

> Belle épreuve.

430 — **Polignac** (Portrait de feu Mme la duchesse de), gravé par Fisher, d'après Mme Le Brun. In-4.

> Très belle épreuve avec marge. Rare.

431 — **Pompadour** (Mme la marquise de), gravé par Anselin, d'après Vanloo, sous le titre : la Belle Jardinière. In-4.

> Très belle et rare épreuve, avant toutes lettres.

432 — **Pompadour** (Mme la marquise de) en jardinière, gravé à la manière d'un pastel par Bonnet. In-fol.

> Superbe épreuve imprimée en couleur. Très rare.

433 — **Pompadour** (Mme la marquise de), gravé par Aug. de Saint-Aubin d'après Cochin. In-4.

> Très belle épreuve.

434 — **Prie** (Agnès Berthelot de Pleneuf, marquise de), gravé par Chereau le jeune, d'après Vanloo. In-fol.

> Très belle épreuve. Grande marge.

435 — **Provence** (Marie-Joséphine-Louise de Savoie, comtesse de), gravé par Cathelin, d'après Drouais. In-4.

> Très belle épreuve. Marge.

436 — **Provence** (Marie-Josèphe-Louise, comtesse de), gravé par Mlle Boizot. In-4.

> Très belle épreuve. Marge.

437 — **Radix** (Marie-Élisabeth Denis, femme de M.), gravé par Saint-Aubin, d'après Cochin. In-4.

Très belle épreuve. Marge.

438 — **Rebecque** (Dernière heure de la baronne de), gravé par Aug. de Saint-Aubin. In-fol.

Très belle épreuve. Toute marge.

439 — **Récamier** (Mme), gravé par Charles Silésien, d'après Cosway. In-4.

Belle épreuve.

440 — **Roland** (M.-J. Philipon, femme), par Bonneville. In-8.

Belle épreuve.

441 — **Roland** (Mme). Portrait in-8, sans nom d'artiste et avec texte anglais.

Belle épreuve.

442 — **Sabran** (Louise-Charlotte de Foix-Rabat, marquise de), gravé par Chereau le jeune, d'après Vanloo. In-fol.

Très belle épreuve. Toute marge.

443 — **Sabran** (Mme la marquise de), gravé par D. Berger en 1787, d'après Mme Vigée Le Brun. In-fol.

Très belle épreuve imprimée en bistre. Marge.

444 — **Saint-Aubin** (Mme Augustin de), gravé sous le titre : *l'Hommage réciproque*, par Gaultier, d'après Saint-Aubin.

Très belle épreuve, avant la dédicace, imprimée en couleur.

445 — **Salmon** (Marie-Françoise-Victoire). Portrait in-8, en couleur, publié chez les Campions.

Belle épreuve.

446 — **Sophie** (de Monnier), maîtresse de Mirabeau, gravé par Delignon, d'après Borel. In-8.

Belle épreuve.

447 — **Vallayer-Coster** (Anne), de l'Académie royale de peinture et de sculpture, gravé par C.-F. Letellier, d'après elle-même. In-4.

Très belle épreuve. Marge.

448 — **Vanloo** (Anne-Ant. Chrissonis, épouse de Carle), gravé par
    C. Dupuis. In-8.

> Belle épreuve avec l'adresse d'Odieuvre.

449 — **Vanloo** (Mlle), gravé à la sanguine par Louis Bonnet, d'après
    C. Vanloo. In-fol.

> Très belle épreuve. Toute marge.

450 — **Vanloo** (Mlle), gravé par Basan, d'après Vanloo. In-4.

> Très belle épreuve.

451 — **Vence de Saint-Vincent** (dame Julie de Villeneuve), petite-fille
    de Mme de Sévigné, gravé par A. Romanet, d'après Barthé-
    lemy. In-4.

> Très belle épreuve. Grande marge.

452 — **Villette** (Mme la marquise de), surnommée Belle et Bonne par
    Voltaire, gravé par Lingée, d'après Pujos. In-4.

> Très belle épreuve. Toute marge.

453 — **Visinier** (Geneviève-Élisabeth), veuve de Jean-Baptiste-René
    Le Long, gravé par Miger, d'après de Bondy. In-4.

> Belle épreuve.

454 — **Warens** (Louise-Éléonore Delatour-Depil, dame de). In-8.

> Belle épreuve.

455 — **Warens** (Louise de), gravé par Lebeau, d'après Batons. In-8.

> Très belle épreuve. Marge.

456 — Deux portraits de femmes inconnues, gravés par de La Live
    et Pruneau. In-8.

> Belles épreuves.

PORTRAITS D'ACTRICES

OPÉRA

457 — **Arnould** (Sophie), de l'Académie royale de musique, gravé par Bourgeois de la Richardière, d'après de La Tour. In-8.

Très belle épreuve. Grande marge.

458 — **Cretu** (Mme), du spectacle de Bordeaux, gravé par J. Pallière. In-4.

Très belle épreuve. Marge.

459 — **Dauberval** (Théodore), première danseuse, de l'Académie de musique, gravé par J. Pallière. In-8.

Très belle épreuve. Toute marge.

460 — **Dauberval** (Théodore), petit buste gravé par Legoux, d'après Lefèvre. In-8.

Très belle épreuve.

461 — Pas de deux, tiré du second acte de l'opéra de *Silvie,* exécuté par **M. Dauberval** et **Mlle Allard**, gravé par J.-B. Tillard, d'après Carmontelle.

Belle épreuve.

462 — **Duplant** (Rosalie), de l'Académie royale de musique, gravé par Elluin, d'après Le Clerc. In-4.

Très belle épreuve.

463 — **Guimard** (portrait présumé de La), gravé par Basan, sous le titre : la Flore de l'Opéra, d'après Roslin. In-fol.

Très belle épreuve. Marge.

464 — **Guimard** (Mlle). Caricature en couleur publiée à Londres, en 1789.

>Belle épreuve. Très rare.

465 — **Héligsberg** (Mlle), dans le ballet du Jaloux puni, gravé par J. Condé, d'après de Janvry. In-4.

>Très belle épreuve, avant toutes lettres.

466 — **La Chanterie** (Mlle), de l'Opéra, dessiné par Pierre et gravé en manière de sanguine par Gilsberg. In-fol.

>Belle épreuve. Marge.

467 — **Lany** (Louise-Magdeleine), de l'Académie royale de musique, d'après Carmontelle. In-fol.

>Superbe épreuve, avant toutes lettres. Marge.

468 — **La Demoiselle Le Maure**. Problème d'opéra, 1740. Pièce satirique avec légende inspirée par les accès de religiosité de la libertine chanteuse, plus une lettre « écrite à Mlle Le Maure par un abbé de ses amis » qui, lue, pliée en deux, au moyen de la dernière syllabe de la demi-page et de la première syllabe de la ligne suivante, prend le sens le plus vif.

>Deux pièces excessivement rares.

469 — **Levasseur** (Mlle Rosalie), de l'Académie royale de musique, dessiné et gravé par M. Pruneau. In-4.

>Très belle épreuve. Marge.

470 — **Maillard** (Mlle), de l'Académie royale de musique, gravé par Coutellier. In-8.

>Superbe épreuve imprimée en couleur. Toute marge.

471 — **Pelissier** (Mlle), gravé par Daullé, d'après Drouais. In-fol.

>Très belle épreuve.

472 — **Saint-Huberti** (Mme de), de l'Académie royale de musique, gravé par Le Beau. In-4.

>Très belle épreuve. Toute marge.

473 — **Saint-Huberti** (Mme de), d'après Reynolds. In-fol.

>Belle épreuve.

474 — **Sallé** (Mlle Marie), gravé par Petit, d'après Fenouil. In-fol.

Très belle épreuve. Marge.

COMÉDIE FRANÇAISE

475 — **Clairon** (Hippolyte de la Tude), comédienne française, gravé par J.-B. Michel, d'après Pougin de Saint-Aubin. In-fol.

Très belle épreuve. Marge.

476 — **Clairon** (Mlle) dans le rôle de Médée, gravé par Cars et Beauvarlet, d'après Vanloo.

Très belle épreuve, non terminée, d'un morceau de l'estampe seulement.

477 — **Clairon** (Hippolyte de la Tude), gravé par C.-A. Littret, 1766. In-8.

Très belle épreuve.

478 — **Clairon** (Mlle), de la Comédie française, gravé par Schmidt, d'après Cochin. In-4.

Très belle épreuve.

479 — **Clairon** (Mlle), couronnée par Melpomène, gravé par Le Mire, d'après Gravelot. In-4.

Très belle épreuve.

480 — **Clairon**. Pièce satirique sur Mlle Clairon, Voltaire et Fréron, avec vers dans la marge inférieure. In-8.

Belle épreuve. Rare.

481 — **Contat** (Mlle), de la Comédie française, dans le rôle de Suzanne du *Mariage de Figaro*, gravé par Dupin, d'après Desrais. In-8.

Très belle épreuve, avant le numéro. Marge.

482 — **Contat** (Mlle), de la Comédie française, dans le rôle de Suzanne du *Mariage de Figaro*. In-8 en couleur, sans nom d'artiste.

Belle épreuve. Marge.

483 — **Dangeville** (Marie-Anne Botot), gravé par J.-B. Michel, d'après Pougin de Saint-Aubin. In-fol.

> Très belle épreuve, avant toutes lettres.

484 — **Desmares** (Charlotte), gravé par Lépicié en 1733, d'après C. In-fol.

> Très belle épreuve. Toute marge.

485 — **Duclos** (Mlle), gravé par Desplaces, d'après Largillière. In-fol.

> Très belle épreuve, avant l'adresse de la veuve Chereau. Grande marge.

486 — **Dufresne** (Catherine de Seine, épouse du sieur), gravé par Lépicié, d'après Aved. In-fol.

> Très belle et rare épreuve, avant toutes lettres.

487 — **Dufresne** (Catherine de Seine, épouse du sieur), gravé par Fessard. In-8.

> Deux épreuves, avec l'adresse d'Odieuvre.

488 — **Dumesnil** (Marie). Portrait in-4, publié chez Elluin.

> Très belle épreuve.

489 — **Fanier** (Alexandrine), reçue à la Comédie française en 1766, gravé par Saugrain, d'après J.-M. Moreau le jeune. In-fol.

> Très belle épreuve.

490 — **Joly** (Marie-Élisabeth), gravé par Langlois. In-4.

> Très belle épreuve.

491 — **Le Couvreur** (Adrienne), gravé par Drevet, d'après Coypel. In-fol.

> Très belle épreuve. Marge.

492 — **Le Couvreur** (Adrienne), gravé par G.-F. Schmidt, d'après Fontaine. In-8.

> Belle épreuve, avec l'adresse d'Odieuvre.

493 — **Oligny** (Mlle d'), gravé par J.-J. Huber, d'après M. Vanloo. In-fol.

> Très belle épreuve.

4

494 — **Olivier** (Mlle), dans le rôle de Chérubin du *Mariage de Figaro*. Gravé par Coutellier. In-4.

> Superbe épreuve imprimée en couleur. Grande marge.

495 — **Olivier** (Mlle), gravé par Le Beau, d'après Desrais. In-8.

> Très belle épreuve. Marge.

496 — **Préville** (Mlle Angélique Drouin, femme du sieur), gravé par J.-B. Michel, d'après Colson. In-fol.

> Très belle épreuve. Marge.

497 — **Préville** (Mme), représentée debout, rôle de Dealton dans *l'Écossaise;* gravé par Devaux, d'après Simonet. In-4.

> Très belle épreuve.

498 — **Raucourt** (Françoise-A.-M. de). Portrait in-4, publié chez Bligny.

> Très belle épreuve. Marge.

COMÉDIE ITALIENNE

499 — **Camille** (Mlle), gravé par Pelletier, d'après de Lorme. In-8.

> Belle épreuve. Marge.

500 — **Colombe** (Mlle) l'aînée, reçue à la Comédie italienne en 1773. Gravé par Coutellier. In-4.

> Très belle épreuve imprimée en couleur. Toute marge.

5o1 — **Colombe** (Mlle) l'aînée, en pied, dessiné et gravé par Patas. In-fol.

> Superbe épreuve. Grande marge.

5o2 — **Coraline** (Mlle), gravé à la manière noire par Allais, d'après Vispré. In-4.

> Très belle épreuve. Toute marge.

5o3 — **Desbrosses** (Mlle), gravé par Le Beau. In-8.

> Très belle épreuve. Grande marge.

504 — **Desbrosses** (Mlle). Petit portrait in-8 en couleur, publié chez Bonnet.

> Belle épreuve.

505 — **Dugazon** (Mme), reçue à la Comédie italienne en 1776, gravé par Le Beau. In-8.

> Très belle épreuve. Grande marge.

506 — **Dugazon** (Mme), dans le rôle de Marine de *la Colonie*. *A Paris, chez Alibert*. In-4.

> Belle épreuve. Toute marge.

507 — **Favart** (Mme), gravé par J.-J. Flipart, d'après Cochin.

> Très belle épreuve. Marge.

508 — **Favart** (Mme), gravé par Chenu, d'après Garand. In-8.

> Très belle épreuve.

509 — **Gavaudan** (Mme), dans Joconde, gravé par Aug. de Saint-Aubin, d'après Jacques. In-8.

> Belle épreuve. Marge.

510 — **Julien** (Mme), gravé par Coutellier. In-4.

> Très belle épreuve imprimée en couleur. Toute marge.

511 — **Laruette** (Marie-Thérèse Villette, femme), gravé par Elluin, d'après Le Clerc. In-4.

> Très belle épreuve. Marge.

512 — **Laruette** (Marie-Thérèse Villette, femme), gravé par Devaux, d'après Simonet. In-fol.

> Très belle épreuve. Grande marge.

513 — **Lescot** (Mlle), reçue à la Comédie italienne en 1780, gravé par Le Beau. In-4.

> Belle épreuve avant le numéro.

PORTRAITS D'ARTISTES

---

5 14 — **Boissieu** (J.-J. de), d'après lui-même. In-fol.

Très belle épreuve d'essai.

5 15 — **Boucher** (François), gravé par Manuel-Salvador Carmona, d'après Roslin le Suédois. In-fol.

Très belle épreuve.

5 16 — **Boucher** (F.), représenté à une fenêtre dessinant, gravé à la manière du lavis. In-4.

Très belle épreuve. Toute marge.

5 17 — **Chardin** (J.-B.-S.), gravé par J.-F. Rousseau, d'après Cochin. In-4.

Très belle épreuve. Toute marge.

5 18 — **Dandré-Bardon**, gravé par Moitte, d'après Roslin. In-4.

Très belle épreuve. Marge.

5 19 — **Debucourt, — Fredou, — Gamelin**, etc., quatre portraits par divers graveurs.

Belles épreuves.

5 20 — **De Launay** (Nicolas), graveur du roi, gravé par Huot, d'après Saint-Aubin. In-4.

Très belle épreuve. Toute marge.

5 21 **Denon** (le baron), gravé par lui même, d'après Romberg. In-4

Très belle épreuve.

5 22 — **Falconet** (Étienne), gravé par Pariset, d'après Marie Collot. In-4.

Très belle épreuve. Toute marge.

523 — **Flipart** (J.-J.), graveur du roi, gravé par Ingouf le jeune. In-4.

> Très belle épreuve.

524 — **Fragonard** (Honoré), gravé à l'eau-forte par C. Le Carpentier. In-8.

> Superbe épreuve. Très rare.

525 — **Gaucher** (Charles-Étienne), gravé par lui-même. In-8.

> Très belle épreuve. Marge.

526 — **Gillot** (Charles), d'après lui-même, gravé par J. Aubert. In-fol.

> Très belle épreuve.

527 — **Greuze** (J.-B.), d'après lui-même, gravé par Flipart. In-4.

> Très belle épreuve. Grande marge.

528 — **Hallé** (Noël), gravé par B.-A. Nicollet, d'après Cochin. In-4.

> Très belle épreuve. Marge.

529 — **Hoin** (C.-J.-B.), peintre de Monsieur, dessiné et gravé par lui-même. In-4.

> Très belle épreuve, avant toutes lettres. Marge.

530 — **Hubert-Robert**, gravé par Miger, d'après Isabey. In-fol.

> Très belle épreuve, avant la lettre.

531 — **Huet** (J.-B.), gravé à la sanguine par Demarteau, d'après lui-même. In-4.

> Très belle épreuve. Marge.

532 — **Jéliotte** (Pierre), chanteur, d'après L. Tocqué. In-fol.

> Superbe épreuve, avant toutes lettres.

533 — **Lépicié** (N.-B.), gravé par J.-F. Rousseau, d'après Cochin. In-8.

> Très belle épreuve. Grande marge.

534 — **Liotard** (J.-F.), gravé par lui-même. In-4.

> Très belle épreuve. Grande marge.

535 — **Meissonnier** (Juste-Aurèle), gravé par de Beauvais, d'après lui-même. In-fol.

> Très belle épreuve.

536 — **Moreau** (J.-M.) le jeune, gravé par] Saint-Aubin, d'après Cochin. In-8.

> Très belle épreuve. Marge.

537 — **Pierre** (J.-B.-M.), d'après Cochin. In-4.

> Très belle épreuve, avant toutes lettres.

538 — **Roettiers** (Jacques), gravé par Saint-Aubin, d'après Cochin. In-4.

> Belle épreuve.

539 — **Roslin** (A.), gravé par A. Nicollet, d'après Cochin. In-4.

> Très belle épreuve. Grande marge.

540 — **Saint-Aubin** (G. de), d'après lui-même, gravé par J. de Goncourt. In-8.

> Très belle épreuve.

541 — **Saly** (J.-F.-J.), gravé par J.-F. Rousseau, d'après Cochin. In-4.

> Très belle épreuve, avant toutes lettres, plus une épreuve avec la lettre. Deux pièces.

542 — **Silvestre** (Louis de), gravé par Watelet, d'après Cochin. In-4.

> Belle épreuve.

543 — **Valenciennes** (P.-H. de), gravé par Saint-Aubin. In-8.

> Très belle épreuve. Marge.

544 — **Vanloo** (Carle), gravé par Klauber, d'après Le Sueur. In-fol.

> Très belle épreuve, avant la dédicace. Marge.

545 — **Vien** (Joseph), gravé par Miger, d'après Mme Guiard. In-fol.

> Très belle épreuve.

546 — **Wille** (J.-G.), gravé par Beisson, d'après Heilman. In-4.

> Très belle épreuve. Marge.

ESTAMPES SUR PARIS

547 — Décoration du trône élevé au balcon de l'appartement de l'Infante, pour Leurs Majestés et la Famille royale, lors de la fête donnée par la ville de Paris à l'occasion du mariage de Madame. *A Paris, chez Bailleul.*

Belle épreuve.

548 — Inauguration de la statue de Louis XV, gravée à l'eau-forte par Prieur et terminée par Née, d'après C.-N. Cochin.

Très belle et rare épreuve, avant toutes lettres, à l'état d'eau-forte pure. Grande marge.

549 — Première vue de Paris, prise du pont Royal, gravée par Janinet, d'après Demachy.

Très belle épreuve imprimée en couleur.

550 — Inauguration de la statue de Louis XV, sur la place du même nom, gravée par Hemery, d'après Demachy.

Rare épreuve, avant toutes lettres, à l'état d'eau-forte pure.

551 — Vue de la colonnade du Louvre et de la démolition de ses environs.

Dessin au lavis de sépia.

552 — Statue équestre de Louis le Bien-Aimé, gravée par Le Charpentier, d'après De Sève.

Belle épreuve.

553 — Vues de Paris et de ses environs, connues sous le nom de vues d'optique. 45 pièces coloriées.

Belles épreuves.

554 — Vue intérieure de Paris, prise du milieu du pont Royal regardant le Pont-Neuf, gravée par Berthault, d'après le chevalier de L'Espinasse.

Belle épreuve.

555 — Vue intérieure de Paris, représentant le port Saint-Paul, prise du quai des Ormes, vis-à-vis l'ancien bureau des coches d'eau, gravée par Berthault, d'après le chevalier de L'Espinasse.

Belle épreuve.

556 — Vue du Palais-Royal, des Galeries et du Jardin, gravée par Varin frères. — Vue du Jardin du Palais-Royal, de ses Bâtiments et Galeries. Deux pièces, d'après le chevalier de L'Espinasse.

Belles épreuves.

557 — Inauguration de la statue de Louis XV, gravée par Aug. de Saint-Aubin, d'après Gravelot (E. B., 585).

Très rare épreuve, avant toutes lettres, à l'état d'eau-forte pure. Marge.

558 — Vues de Paris et des environs. Huit pièces par Guéroult.

Belles épreuves coloriées. Marges.

559 — Vue de l'Hôtel de Ville. — Vue du mont Valérien ou Calvaire, à deux lieues de Paris. — Vue et perspective du Palais-Royal du côté du jardin.

Quatre pièces coloriées, publiées à *Paris, chez Jean.*

560 — Vues de Paris, Versailles, Trianon et autres endroits remarquables des environs. 51 pièces tirées du *Voyage en France* de Laborde.

Très belles épreuves, en grande partie avant la lettre.

561 — Vues de Paris et de ses environs. Dix pièces imprimées à la sanguine, d'après Lantara.

Belles épreuves. Rares.

562 — Vue de Paris avec ruines sur le devant, d'après Maréchal.

Belle épreuve, avant toutes lettres, à l'état d'eau-forte.

563 — Vue du château de Vincennes près Paris, gravé par Elise
Saugrain, d'après L. Moreau.

Très belle épreuve. Marge.

564 — Place Louis XV, par J.-M. Moreau (E. B., 204).

Très belle et rare épreuve, avant le numéro et avant la retouche. Marge.

565 — Vue du Panthéon. — Portail de l'église de Saint-Merry, à
Paris. — La Fontaine des Innocents. — Plan de l'orchestre
de la salle de spectacle du Roi. Quatre pièces, d'après
Moreau, Lequen et Chevotet.

566 — Maison bâtie rue Chantereine par la citoyenne Dervieux. —
Maison de Mme de Brunoi bâtie dans les Champs-Élysées.
— Vue de Bagatelle. — Maison de Mlle Guimard. — Vue du
théâtre Feydeau. — Maison du citoyen Caron de Beau-
marchais, près de la Bastille, etc. Onze pièces en couleur,
par Prieur.

567 — Vignettes, pour almanach de poche, représentant des vues du
Palais-Royal. — Le Vaux-Hall populaire, 1771. Cinq pièces,
dont quatre coloriées, d'après Queverdo.

568 — Vues de Paris et châteaux de France. 14 pièces par J. Rigaud.

Belles et anciennes épreuves.

569 — Vue perspective de l'illumination de la rue de la Ferronnerie
exécutée le 20 aoust 1739. — Vue perspective de l'illumination de la rue de la Ferronnerie, du côté de la rue Saint-
Denis, exécutée le 8 septembre 1745. Deux pièces gravées
par Cochin et Marvie, d'après Slodtz.

Très belles épreuves. Toutes marges.

ADRESSES, AVIS, FACTURES

LETTRES DE FAIRE PART, ESTAMPES DE MŒURS

> « En ces jours les plus humbles professions, les plus misérables industries se
> saignent pour avoir, près des yeux du public, une recommandation d'art et je me
> rappelle une adresse qui m'a échappé, une adresse de marchande de vieux habits
> de la place de Grève qui était un chef-d'œuvre de dessin et de gravure. »

570 — Billet d'entrée pour la Comédie-Française, deux places d'am-
phithéâtre; gravé par N. Le Mire.

> Très belle épreuve. Rare.

571 — Billet d'entrée pour la Comédie-Italienne, gravé par A. de
Saint-Aubin, en 1788.

> Très belle épreuve. Rare.

572 — Billet d'entrée pour le bal paré à Versailles pour le mariage
de Monseigneur le Dauphin, le mardi 24 février 1745,
gravé par Cochin.

> Très belle et ancienne épreuve, plus une épreuve moderne. Deux pièces.

573 — Billet pour le bal paré à Versailles, pour le mariage de Monseigneur le Dauphin, le jeudi 9 février 1747; gravé par
Cochin.

> Très belle et ancienne épreuve.

574 — Billet d'entrée pour l'Hôtel de Ville, chambre de MM. les
conseillers de ville, une place pour le feu qui se tirera le...
Dessiné et gravé par L. Cars.

> Très belle épreuve.

575 — Billet pour la fête de M. l'ambassadeur de France, qui se
donnera le.... Dessiné et gravé par J.-M. Moreau le jeune.

Très belle épreuve, avec grande marge. Rare.

576 — Billet d'entrée pour les expériences aérostatiques de
MM. Charles et Robert, en 1783, par Moreau le jeune.

Très belle épreuve.

577 — Billet d'invitation pour une Société des Arts. Jolie pièce in-4,
gravée à l'eau-forte.

Très belle épreuve, avant la lettre. Marge.

578 — Billet d'invitation pour une réception particulière, sans nom
d'artiste. In-4.

Belle épreuve, tirée sur papier verdâtre.

579 — Billet de bal : « Mlle Roeell est priée de faire l'honneur aux
Dames directrices de la Redoute et aux Messieurs de la
souscription des bals de venir danser à la Redoute, mardy
22 février, à 5 heures. » Charmante petite pièce décorée
dans sa partie supérieure d'une vignette représentant un
jeune couple dansant le menuet. Gravé par Lardy.

Très belle épreuve.

580 — Lettre de mariage : « Monsieur Bion a l'honneur de vous
faire part de son mariage avec Mlle Lambert... » Jolie pièce
in-4, sans nom d'artiste.

Très belle épreuve. Rare.

581 — Lettre de faire part de mariage, avec en-tête, gravée par
Mme Desmaisons.

Très belle épreuve. Rare.

582 — Lettre de faire part de naissance, avec en-tête, gravée par
Mme Desmaisons.

Très belle épreuve. Rare.

583 — Modèle de lettre de faire part de mariage, dans un encadrement ornementé, gravé par Croisey. In-4.

Belle épreuve.

584 — Convocation pour une réunion de peintres et sculpteurs à Paris, grand cartouche ornementé, 1746. In-4 en largeur.

Très belle épreuve. Rare.

585 — Lettre d'invitation pour une réunion de francs-maçons, gravée par Baron, d'après Marillier. In-4.

Belle épreuve.

586 — Lettre d'invitation pour une cérémonie religieuse en l'église des R. P. Jacobins. In-4.

Belle épreuve. Rare.

587 — Prospectus : Effet de la lanterne magique, avec explication en bas. A Paris, 1787. In-8.

Belle épreuve.

588 — Liste des coches d'eau faisant le service de Choisy et donnant les heures de départ et d'arrivée. Pancarte entourée d'un riche encadrement, gravé par Babel.

Très belle épreuve. Rare.

589 — « Les comédiens de la nation donneront, aujourd'hui lundi 1er octobre 1792, une représentation de Nicodème dans la lune, ou la Révolution pacifique, etc. C'est à la salle ordinaire des spectacles, rue du Colombier; on commencera à cinq heures et demie précises. »

Affiche curieuse et rare.

590 — Passeport aux armes de France délivré par le baron de Choiseul, ambassadeur près le roy de Sardaigne. In-fol.

Belle épreuve.

591 — Carte de visite de **M. Brulé**, rue de Sorbonne, etc., sans nom d'artiste.

592 — Carte de visite de **César van Loo**.

Belle épreuve.

593 — Facture avec en-tête : Au Roy David. Jolie pièce avec entourage ornementé.

« Mais peut-être la merveille de ce papier vignettisé est une facture, une

simple facture, la facture d'un marchand d'instruments de musique, à l'enseigne du Roy David. »

Belle épreuve. Rare.

594 — « **A** l'Écu de France. **Belle**, marchand orfèvre, à Paris. » In-4.

Belle épreuve.

595 — « A la Bienfaisance. Dépôt de Lyon. Magasin d'étoffes de soie, or et argent en tous genres, rue Saint-Honoré. » Joli encadrement avec fronton où se voient les bustes de Louis XVI et de Marie-Antoinette, sans nom d'artiste.

Très belle épreuve. Rare.

596 — « Avis pour les personnes qui portent perruque et pour les perruquiers. Le sieur **Bouchot** connu à Paris par ses succès dans l'art de faire les perruques, etc. » Pièce in-4, sans nom d'artiste.

Très rare.

597 — Étiquettes de « **Cadet**, apoticaire et de **Le Lièvre**, distillateur du roy, rue de Seine, à Paris. » Deux pièces.

Très belles épreuves.

598 — « **A** la Victoire. **Cousineau**, luthier. » Gravé par Pruneau, d'après A. de Saint-Aubin. In-4.

Belle épreuve.

599 — « **De Gaast**, marchand bijoutier-jouaillier. Au Lion d'or, à Paris. »

Belle épreuve.

600 — **Dulac**, peintre et doreur en bâtiments. — Mlle **Mulot**, organiste de Saint-Hippolyte. — Au Gouverneur de l'univers. **Rousseau**, ingénieur pensionné de Monseigneur le duc d'Orléans. — A la croix de Malte, **Cerneau**, marchand orfèvre. — A la Teste noire. **Larcher**, marchand papetier. — **Cordiez** dessine et grave l'architecture. — Tribut de la toilette, Mme **Boivin**, marchande, rue Saint-Honoré, etc., neuf pièces gravées par Delagardette, Avril, Cordier. Boucher, etc.

Belles épreuves.

601 — « A la folie. **Hallé**, dit Mercier, peintre et modeleur, rue de l'Arbre-Sec, à Paris. » Jolie pièce, sans nom d'artiste.

> Belle épreuve. Rare.

602 — « **Henri**, maître tailleur de Leurs Altesses Sérénissimes Messeigneurs les ducs de Valois et de Montpensier », gravé par Croisier.

> Très belle épreuve. Rare.

603 — Hôtel de l'empereur Joseph II, rue de Tournon, à Paris. Encadrement avec fronton au milieu duquel se voit le portrait de Joseph II. In-4.

> Rare.

604 — « **Langlumé** jeune, négociant à Bordeaux. » Belle pièce gravée par P.-P. Choffart.

> Très belle épreuve avant la lettre.

605 — « **Lattré** et son épouse, pour la gravure des plans, etc. » Jolie pièce gravée par Choffart.

> Très belle épreuve.

606 — « **A** Sainte-Geneviève, rue Saint-Honoré, **Loraux** tient magasin de toutes sortes de dentelles, etc. » Joli encadrement, avec fronton formé de rubans.

> Belle épreuve.

607 — « Le sieur **Magny**, ingénieur pour l'horlogerie. » Belle pièce in-4, dessinée et gravée par Eisen.

> Belle épreuve. Rare.

608 — « **Merlen**, graveur sur tous métaux, gravé par Roger, d'après Prud'hon.

> Très rare épreuve, avant toutes lettres, à l'état d'eau-forte pure.

609 — La même estampe.

> Deux très belles épreuves terminées. Marges.

610 — « Académie pour les armes, tenue par le sieur **Motet**, rue de Seine. » Gravé par N. Le Mire.

> Belle épreuve. Rare.

611 — « **Noverre,** distillateur du roy, demeurant dans l'abbaye Saint-Germain des Prez. » Encadrement chinois, gravé par Le Bas, d'après Bocquet.

Très belle épreuve. Rare.

612 — « Jacques-François **Quillet,** libraire à Paris. » Gravé par Aug. de Saint-Aubin.

Belle épreuve.

613 — « **Ravatel,** marchand orfèvre-jouaillier-bijoutier de S. A. S. Monseigneur le duc d'Orléans. » Joli encadrement, avec armoirie dans la partie supérieure.

614 — « **Sergent,** marchand imprimeur en taille-douce, à Paris. » In-4.

Belle épreuve.

615 — « **Stras,** marchand joyalier du roy, demeurant à Paris, quay des Orfèvres. » Jolie pièce gravée par Cochin.

Très belle épreuve. Rare.

616 — « **Vallayer,** orfèvre du roy, rue du Roule, A la croix de saint Louis, Paris. » Encadrement avec fronton, gravé par P.-P. Choffart.

Très belle épreuve.

617 — « **Vaugeois,** marchand, rue des Arcis, près Saint-Merry, vend tabatières d'or et garnies d'or pour hommes et pour dames, etc. » In-4.

618 — Encadrement d'une adresse avec draperie dans le haut et personnages dans le bas.

Épreuve, avant toutes lettres.

619 — Intérieur d'un café, avec joueurs et flâneurs. Pièce in-4 en largeur.

Belle épreuve, avant toutes lettres.

620 — Intérieur d'un café rempli de nombreux consommateurs.

Pièce curieuse gravée au trait et coloriée.

621 — Pantins, deux pièces destinées à être découpées et rassemblées avec un fil qui servirait à les faire danser.

622 — Les Maquerelles punies. Pièce in-4 avec vers, dans la marge inférieure.

Belle épreuve. Marge.

623 — Sarcophage qui a transporté les mânes de Voltaire au Panthéon le 11 juillet 1791. In-4.

Très belle épreuve imprimée en couleur. Rare.

624 — Le Procureur. Pièce gravée en couleur, à la manière du pastel, par L. Bonnet.

Très belle épreuve. Toute marge.

625 — Titre et deux pièces d'un livre de fleurs chinoises et de caprice dessinées par de Saint-Aubin. Trois pièces.

626 — La Duchesse des plaisirs allant au Colisée. — L'Incendie des coeffures. Deux pièces, caricatures sur les coiffures.

Très belles épreuves. Marges.

627 — Anne et Ursule Delacroix, domestiques de feu Mme Le Hay (Élisabeth Chéron). In-4.

Belle épreuve. Rare.

628 — Almanach des maîtresses couturières. — Almanach des maîtres rôtisseurs. — Almanach des maîtres jardiniers-fleuristes. — Almanach des maîtres vitriers. — Almanach des maîtres charpentiers. — Almanach des maîtres fruitiers-orangers. — Almanach des maîtres menuisiers. — Almanach des maîtres tailleurs. — Almanach des maîtres peintres et sculpteurs. — Almanach des maîtres perruquiers. — Almanach des maîtres savetiers. — Almanach des maîtres pâtissiers. — Almanach des maîtres boulangers. — Almanach des maîtresses bouquetières. — Almanach des maîtres cordonniers et bottiers. — Almanach des maîtres fourbisseurs. — Almanach des marchands de vin. — Almanach des maîtres serruriers.

Suite de 18 pièces in-fol. publiées à *Paris, chez Desnos et Quillau.*

Très belles épreuves, avec toutes leurs marges. Rares.

629 — Costumes tirés de la Galerie des modes et costumes français publiés chez les sieurs Esnauts et Rapilly. 28 pièces d'après Desrais, Leclerc et Watteau.

Belles épreuves en noir et coloriées, deux sont avant toutes lettres, à l'état d'eau-forte.

630 — Aventure tragique arrivée au bastringue du Port-au-Bled. *A Paris, chez Gauthier.*

Image populaire coloriée, avec légende.

631 — Déclaration des Droits de l'homme et du citoyen, gravée par Guyot et Le Roy, d'après Lagrenée. In-folio.

Belle épreuve.

632 — Les Médecins botaniste et minéralogiste écrasés par le médecin à la mode. *A Paris, chez le Père et Avaulez.*

Très belle épreuve. Marge.

633 — La Désolation des filles de joie. — Le Vice forcé dans ses retranchements. Deux pièces, faisant pendants, gravées à l'eau-forte. *A Paris, chez Naudet.*

Belles épreuves.

634 — Enlèvement de police. Pièce gravée à l'eau-forte publiée à *Paris, chez Naudet.*

Belle épreuve.

635 — Le Cabaret de Ramponaux, en bas, son portrait, comme armoiries. *A Paris, chez Parvillé.*

Très belle épreuve.

RECUEILS

———

636 — Les Costumes françois représentant les différents états du royaume, avec les habillements propres à chaque état et accompagnés de réflections critiques et morales. *A Paris, chez le Père et Avaulez,* 1776. Suite de dix pièces et un titre, en 1 vol. in-fol., cart.

Très belles épreuves, avec de belles marges.

637 — Mascarade à la Grecque, d'après les dessins originaux tirés du cabinet de M. le marquis de Felino. Suite de dix pièces gravées par B. Bossi, d'après Petitot. 1 vol. in-4, veau.

Très belles épreuves, avec de grandes marges.

638 — Études prises dans le bas peuple ou cris de Paris. Suite de 60 planches gravées, d'après Bouchardon, divisées en 5 séries de chacune douze pièces. 1 vol. in-fol., mar. br.

Très belles épreuves, à toutes marges.

639 — Costumes d'hommes dessinés par Gravelot, en Angleterre, gravés par L. Teuchy, et publiés en 1744. Suite de six pièces. 1 vol. in-4, vél.

640 — Collection de figures théâtrales inventées et gravées par Martin, cy-devant dessinateur des habillements de l'Opéra. Suite de vingt pièces et un titre en 1 vol. in-fol. vél.

Très belles épreuves, à toutes marges.

641 — Études d'anatomie à l'usage des peintres par Charles Monnet, peintre du roi, gravé par Demarteau, graveur du roi. Suite de 42 planches imprimées en sanguine. 1 vol. in-4, vél.

642 — Mes Gens ou les commissionnaires ultramontains au service de qui veut les payer. Suite de sept pièces gravées par Tilliard, d'après Aug. de Saint-Aubin (E. B., 389-395). 1 vol. in-4, vél.

> Superbes et anciennes épreuves, avec toutes leurs marges.
> A cette suite se trouvent ajoutées :
> Neuf épreuves de ces mêmes planches à l'état d'eau-forte ou avant la lettre ; la plupart de ces épreuves ont des retouches bien certainement de la main de Saint-Aubin, pour servir d'indications au graveur.
> Plus deux épreuves, l'une à l'eau-forte pure et l'autre avant la lettre, cette dernière, les marges couvertes d'essais de burin, du *Vielleur du Pont-Neuf en* 1760.
> Précieux recueil contenant dix-huit pièces.

643 — Caravane du Sultan à la Mecque, mascarade turque donnée à Rome, par messieurs les pensionnaires de l'Académie de France et leurs amis, au carnaval de l'année 1748. Suite de 31 pièces et un titre, en 1 vol. in-4, demi-rel., mar. vert, dor. et coins.

> Très belles épreuves, à toutes marges.

644 — Figures de différents caractères, de paysages et d'études, dessinées d'après nature par Antoine Watteau, peintre du roy, en son Académie royale de peinture et sculpture, gravées à l'eau-forte par des plus habiles peintres et graveurs du temps, tirées des plus beaux cabinets de Paris. *A Paris, chez Audran et Chereau.* S. D. 2 tomes. en 1 vol. in-fol., mar. brun.

> Superbe exemplaire d'une grande fraîcheur, avec de grandes marges et entièrement complet.

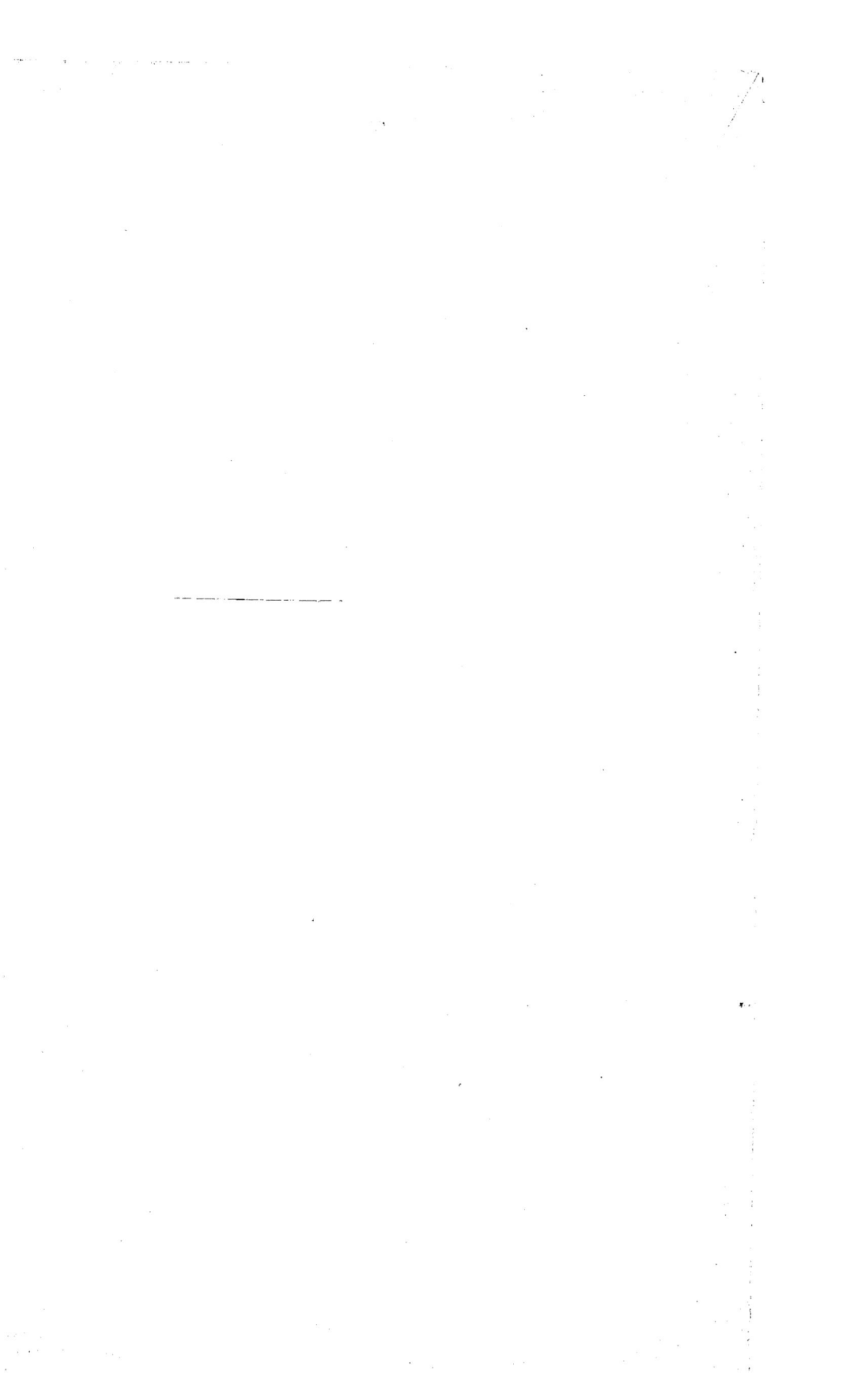

www.ingramcontent.com/pod-product-compliance
Lightning Source LLC
Chambersburg PA
CBHW052147090426

42741CB00010B/2168